本书由中央高校基本科研业务费专项资金资助出版

通称·变迁·规划
——汉语称谓综合研究

刘永厚　著

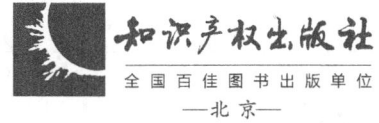

图书在版编目（CIP）数据

通称·变迁·规划——汉语称谓综合研究 / 刘永厚著 . —北京：知识产权出版社，2022.3

ISBN 978-7-5130-8082-8

Ⅰ . ①通… Ⅱ . ①刘… Ⅲ . ①汉语—称谓—研究 Ⅳ . ① H136.4

中国版本图书馆 CIP 数据核字（2022）第 037324 号

内容提要

本书使用问卷、报刊、小说、网络论坛等渠道获取的生动有趣的例子，逐一深入分析了师傅、先生、女士、老师等，以及拟亲属称呼语的使用现状和社会评价，揭示当前汉语社会通称变化、网络称呼用法向线下语言生活转移等多个特点，并针对如何加强新时代汉语称呼语规划提出合理性建议，以此引导主流称呼观念。

责任编辑：刘晓庆	责任印制：孙婷婷

通称·变迁·规划——汉语称谓综合研究
TONGCHENG·BIANQIAN·GUIHUA——HANYU CHENGWEI ZONGHE YANJIU
刘永厚　著

出版发行：知识产权出版社 有限责任公司	网　　址：http://www.ipph.cn
电　　话：010-82004826	http://www.laichushu.com
社　　址：北京市海淀区气象路 50 号院	邮　　编：100081
责编电话：010-82000860 转 8363	责编邮箱：liuxiaoqing@cnipr.com
发行电话：010-82000860 转 8101	发行传真：010-82000893
印　　刷：北京中献拓方科技发展有限公司	经　　销：新华书店、各大网上书店及相关专业书店
开　　本：787mm×1000mm　1/16	印　　张：16
版　　次：2022 年 3 月第 1 版	印　　次：2022 年 3 月第 1 次印刷
字　　数：200 千字	定　　价：78.00 元
ISBN 978-7-5130-8082-8	

出版权专有　侵权必究

如有印装质量问题，本社负责调换。

序

永厚的新著《通称·变迁·规划——汉语称谓综合研究》即将出版，我为他的新作出版感到欣喜，也很高兴看到他一直在语言学研究领域不断探索。永厚2006年以优异的成绩考入北京师范大学外文学院，研究方向是社会语言学。他2009年博士毕业后，一直在社会语言学这个领域辛勤耕耘，并不断扩大其研究视野，向语言政策与规划领域延伸，他先后在国内外语言学权威期刊发表了多篇学术论文，体现了他对学术研究的不懈追求。

他的这本新作仍然聚焦社会语言学的内容，但写作风格更加贴近普通读者。书中的内容既聚焦探讨了学术问题，又密切联系了语言和社会生活实际，大大提升了学术著作的可读性。作者不仅介绍了现代汉语十多个通称的使用现状，而且系统梳理了它们的语义变迁史。更难能可贵的是，他还分析了汉语称呼语变迁背后中国人的称呼观念演变史，以及动态语用背后的静态规则。另外，除了关注普通话的通称，永厚还论及汉语方言，以及英美国家的英语称呼语用法，并提出了解决汉语称呼困境的一系列建议，呼吁政府加强汉语称呼语规划，承担了语言学学者的一份社会责任。

我曾在永厚的第一本专著《称呼语变异与身份建构研究》的序言中说过："展望称呼语研究，还有许多问题需要探究，如随着社会的发展，社会结构的复杂性引发的称呼语缺位现象；网络语言中特殊称呼语形式的使用与规范等"，他的这本新作就是对我们期望的最好回应。

永厚在追求学术梦想的道路上，不忘初心，不畏困难，坚持不懈地拼搏和探索。祝愿永厚在日后的学术研究中，继续发扬奋斗的精神，为我们推出更多更好的研究成果。

田贵森

北京师范大学外文学院教授

2021年7月3日于京师园

前　言

　　早在 2002 年，跟社会语言学先驱拉波夫当年在纽约市商场调研一般，我跑到北京市五道口、西单和赛特三家不同档次的服装市场进行实地调研，搜集售货员对顾客使用的各种称呼语，从此开启了我的称呼语研究之旅。那次的研究成果最终刊发在 Journal of Pragmatics 2009 年 41 卷第 3 期，论文发表前我精益求精的写作劲头和稿件被录用后的欣喜雀跃，至今仍历历在目。

　　称呼可以说是人际交往的先导，是"敲门砖"，是人们很熟悉的话题，所以这类题目要研究出新意是有难度的，研究者要有能力从看似无序的称呼行为中揭示出异质有序性，并洞察其背后的称呼观念。进入 21 世纪以来，国内至今尚无一部专门介绍汉语通称最新用法的著作。而过去二十多年间中国发生了日新月异的变化，网络和现实两个语言生活空间已融合发展，线上称呼语向线下语言生活转移的速度在不断加快，各种新兴汉语通称不断更替，新的称呼现象亟须跟进研究。基于此种考虑，本书系统梳理了当今主要汉语社会通称的语义变迁史，并结合一项全国问卷调查，辅之以访谈、观察、报刊和网络资料，重点描写了各个通称的最新用法。

　　另外，现代汉语多年来一直存在称呼困境现象，某些领域和行业甚至存在称呼乱象。本书呼吁加强汉语社会称呼语的规划，包括本体规划和社会规划。书中亦探讨了英美称呼语对汉语称呼语规划的启示，以及汉语方言和普通话各种变体对普通话的补充作用。同时，随着时代的进步，汉语称呼要从中华优秀传统文化汲取营养，提升称呼文化的现代文明程度。

本书即将付梓，多年的努力终于结出果实，感慨万千。感谢我的导师田贵森教授欣然应允作序。田老师为人为学，真正做到了"学为人师，行为师范"，是我毕生学习的榜样。

特别感谢北京大学祝畹瑾教授认真细致地通读文稿，从书中内容的选取，到书名的敲定，她都提出了许多宝贵的建议。祝老师是中国社会语言学研究的先驱，她在 20 世纪 80 年代有关"同志、师傅"的研究成果发表在 Language in Society、Anthropological Linguistics、《语文研究》等国内外高水平刊物上。我当年因参编《新编社会语言学概论》有缘与祝老师结识，如今她年岁已高，仍不忘提携和帮助后学，让人感动，她严谨认真的治学态度将继续激励我潜心钻研。

我的研究生陈曼竹、贾燕、胡贝、张文瑞、王小童、陈玉成分别参与了部分章节资料和例子的搜集工作，在此也一并感谢他们。书中第八章曾发表于《现代语文》2019 年第 6 期，本书对其内容重新进行了修订。该书的出版得到了北京师范大学外文学院科研配套经费的支持，感谢学院领导和同事们的热情帮助。感谢知识产权出版社刘晓庆编辑为本书的出版投入的大量时间和精力。

我一直希望将本书写成一本通俗类读物，能得到广大读者的喜爱。因本人水平所限，书中难免有不足之处，敬请读者批评指正。

刘永厚

2022 年 2 月 20 日于北京师范大学

目 录

第一章　无称可呼的尴尬——现代汉语的称呼困境……………………1
　　一、称呼语和称谓语的区别……………………………………………2
　　二、称呼语的类型………………………………………………………3
　　三、现代汉语的称呼困境………………………………………………5
　　四、现代汉语称呼困境的原因…………………………………………11
第二章　万变不离其宗——称呼语的使用规则…………………………13
　　一、语言使用中的反应性维度和主动性维度…………………………13
　　二、经典的称呼语使用规则模式述评…………………………………15
　　三、称呼语使用规则的新模式…………………………………………25
第三章　汉语通称使用现状为哪般——一项全国问卷调查的发现……31
　　一、研究问题……………………………………………………………31
　　二、研究方法……………………………………………………………32
　　三、结果与讨论…………………………………………………………33
　　四、当前汉语通称使用的整体特征……………………………………44
第四章　四海之内皆兄弟——汉语称呼的亲属化………………………46
　　一、汉语拟亲属称呼语的语义演变史…………………………………46
　　二、汉语拟亲属称呼语的使用现状……………………………………50

三、拟亲属称呼语的不得体使用情况 ································ 58
　　四、拟亲属称呼语的使用建议 ······································ 61

第五章　大浪淘沙始见金——"师傅"在百姓生活中仍喜闻乐见 ············ 64
　　一、"师傅"的语义演变 ·· 64
　　二、"师傅"的使用现状 ·· 66
　　三、"师傅"日渐式微的原因 ·· 75
　　四、"师傅"的回顾与展望 ·· 77

第六章　岂能全民为师——"老师"的语义再泛化 ························ 79
　　一、探寻"老师"的语义变迁史 ······································ 79
　　二、"老师"的使用现状 ·· 82
　　三、"全民为师"的原因 ·· 94
　　四、"老师"的使用建议 ·· 96

第七章　请不要让"小姐"称呼语渐行渐远
　　　　——"小姐"的"前世与今生" ···································· 97
　　一、"小姐"一词的语义演变 ·· 97
　　二、"小姐"的使用现状 ·· 99
　　三、"小姐"称呼语的重要性 ······································· 109
　　四、"小姐"称呼语的规划建议 ····································· 112

第八章　如今遍地是"老板"——汉语称呼的泛商业化 ···················· 116
　　一、"老板"的语义演变 ··· 116
　　二、"老板"的使用现状 ··· 119
　　三、"老板"泛化的原因 ··· 128

  四、"老板"的使用建议 ································ 132

第九章 从容貌到性别——"美女"与"帅哥"的崛起与衰落 ······ 134
  一、从稀到普遍——"美女"与"帅哥"的语义演变 ··········· 134
  二、"美女"与"帅哥"的使用现状 ····················· 137
  三、"美女、帅哥"语义泛化的原因 ···················· 143
  四、"美女、帅哥"的认可度 ························ 144
  五、"美女、帅哥"的使用建议 ······················ 150

第十章 亲，你来自何方？将去往何处——"亲"的语义泛化之路 ··· 152
  一、"亲"的传统意义 ····························· 152
  二、"亲"的起源说 ······························· 154
  三、社会评价：有人喜欢有人烦 ···················· 157
  四、"亲"的语用优势 ····························· 161

第十一章 风光不再，不可强求——新形势下"同志"的功能再定位 ··· 164
  一、"同志"的语义演变 ···························· 164
  二、"同志"当前的主要使用场合 ···················· 166
  三、中国共产党对党员干部称呼的规划历史 ············ 174
  四、"同志"用法再定位之我见 ······················ 177

第十二章 走向文化纵深——"先生、女士"正式优雅类称呼
  让人心生美好 ····································· 179
  一、"先生、女士"的语义演变史 ···················· 181
  二、"风雅颂"语体之说 ···························· 185
  三、正式优雅类称呼语的语用优势 ·················· 187

四、现代汉语应推广敬语和谦辞 191
　　五、避免汉语及汉语称呼庸俗化和贫乏化 198
　　六、称呼文化要崇雅崇典 201

第十三章　他山之石，可以攻玉——英汉称呼差异 203
　　一、英语的一般称呼方式 203
　　二、英国人的称呼 206
　　三、美国人的称呼 209
　　四、中英称呼差异 212
　　五、小结 216

第十四章　"姥姥"与"外婆"之争——普通话与方言亲属称呼词的关系 217
　　一、事件回放 217
　　二、网络舆论 218
　　三、普通话称呼语与方言称呼语的关系 222
　　四、对语言规划的启示 223

第十五章　走出汉语称呼困境——汉语称呼语规划之我见 224
　　一、70年来中国人的称呼观念变迁史 224
　　二、当前汉语称呼语规划的原则 228
　　三、汉语称呼语规划的具体实施建议 233
　　四、称呼语规划的意义和展望 235

参考文献 237

第一章 无称可呼的尴尬
——现代汉语的称呼困境

称呼是人与人交流的第一道程序,是人际交往的"敲门砖"。方便得体的称呼有助于人际沟通顺畅进行,从而为交际双方节省宝贵的精力,并使整个社会高效运转。倘若人们经常要为称呼语的选用而大伤脑筋的话,人际沟通的成本就会增加,沟通效率也会大打折扣。下面是一名网友在公交车上称呼一位年轻女性时的亲身经历。

(例1)早晨公交车上很拥挤,因为打算下车就招呼前面站着的一位姑娘问问人家下不下,我好往外挤。"大姐?"姑娘没有反应。我再叫:"大姐,您下车不?"姑娘一扭头,卫生球飞来,"您怎么称呼我这二十几岁的姑娘的?叫大姐?切!"我一愣神,差点儿脱口而出:"要不我叫您小姐?"姑娘看也不看我,"你好好改改你的称呼！"我说："那您看叫您什么合适？"姑娘一边往里换，一边说："不会就叫师傅呗！"在我老家，师傅特指男性，还是岁数不小的男性。管女的叫师傅，那是很失礼的。我说："不好意思，我不知道这个，以前出过错，叫人师傅还惹人生气了。"姑娘远远地飘来一句："那你不会叫女士吗？"这下我彻底不知所措了。（知乎社区，2016-08-09）

例1充分反映出称呼语在人际交往中的重要性，也说明不得体的称呼给交际双方带来的尴尬，甚至冲突。更突出的一点是，会话双方对某个称呼语有着截然不同的理解。顺畅交际的基础是双方对某一语项的意义和价值有共同的理解。但在当今世界，随着人口流动性的加剧，传统的一个个独立的言语社区正在迅速瓦解，大大小小的言语社区交织在一起，人们的语言价值观相互碰撞及语言使用复杂性不断加剧。

过去几十年来，现代汉语一直存在称呼困境现象。称呼困境指的是人们在某些交际场合要么找不到合适的称呼语来称呼听话人，要么所使用的称呼语不被对方接受。陈建民（1989）称这种有实无名的缺陷为"社交称谓的缺环"，马宏基、常庆丰（1998）使用了"称谓语的困境"一说。时至今日，称呼困境依然存在。

一、称呼语和称谓语的区别

不管是在文献中，还是在生活中，人们经常混用称谓语和称呼语两个术语，但二者在内涵上有一定的区别。称谓指"人们由于亲属和其他方面的相互关系，以及身份、职业等而得来的名称，如父亲、师傅、厂长等"；而称呼则指"当面招呼用的，表示彼此关系的名称，如同志、哥哥等"（《现代汉语词典》，2016）。

由此可见，称谓词的范畴更大，它包括面称和背称。面称就是当面招呼听话人使用的称呼语；背称是叙述到某人时指称其身份或职业而使用的词语，受话人可能在场，也可能不在场。本书主要探究汉语中用于面称的称呼语，所以在多数情况下会使用"称呼语"这一术语。但由于称谓语的语义涵盖称呼语，而且本书有时会论及背称用语，书中也不免用之。

二、称呼语的类型

依据词性划分，称呼语可分为以下三种：①代词称呼语，如"你、您、大家"；②名词称呼语，如"老师、大哥"；③短语/复合型称呼语，如"您二位、骑自行车的"。

根据称呼语指称对象的范围，汉语名词称呼语大致可分为以下七种类型。

（1）亲属称呼语。指用于亲属关系的亲属面称词，分血亲和姻亲、直系和旁系。例如，"爷爷、奶奶、姥爷、姥姥、爸爸、妈妈、姑姑、姑父、姨、姨父、哥哥、姐姐、弟弟、妹妹"等。

（2）拟亲属称呼语。也称拟亲属称呼语或特殊亲属称呼语，指用于非亲属关系的亲属面称词。例如，"大爷、大娘、大妈、大叔、大嫂、叔叔、阿姨、大哥、大姐"等。

（3）通用社会称呼语。简称通称，也称泛尊称，指广泛用于社会成员之间的称呼语。例如，"师傅、同志、老师、老板、先生、小姐、女士、姑娘、朋友、美女、帅哥、亲"等。社会通称一般不严格区分被称呼者的年龄、职业和身份等，但其通用程度存在差别。"同志、师傅、朋友"这类泛尊称最为通用，基本不受性别因素限制；"先生、女士、小姐、帅哥、美女"等次之，受性别和年龄，甚至社会地位高低和场合等因素的限制。通称是本书主要探讨的对象。

（4）职衔称呼语。包括职业、职务、职称、军衔和学衔五小类：① 职业面称。如"服务员、大夫、护士、法官"。②职务面称。如"局长、处长、总经理、经理"。③职称面称。如"教授、研究员"。④军衔面称。如"将军、大尉"。⑤学衔面称。如"博士"。其中，职务和职称称呼中，人们习惯上去掉"副"字，遵循叫高不叫低的语用原则，抬高听话人以示尊重和礼貌。

（5）姓名类称呼语。属于个人专用称呼语，形式上有姓名、名、小名、小／大／老＋姓等。

（6）复合类称呼语。指前五类称呼语的混合使用：有姓名类复合结构，姓（名）＋职业／职务，如王记者、刘编辑、张总（经理），等；有姓名＋亲属称呼，如"满庚哥"；还有职衔＋通称的复合结构，如"总统先生、护士小姐"，如此等，不一而足。

（7）其他类称呼语。一类是"的"字短语面称，指用受话人所从事的职业、正在从事的活动、衣着特征等来呼唤对方，一般不是十分庄重和尊敬：①职业，如"开车的、修鞋的"。②受话人从事的活动，如"抽烟的、骑三轮车的"。③受话人的自身特征，如"戴眼镜的、穿红衣服的"。另一类是从儿称谓或借子称谓，指家长借子女身份（或子女的同学／同伴）来称呼其亲属或他人，如"（孩子）他爸、（孩子）他爷爷、（孩子）他师傅、奕阳妈妈"。

另外，各类称呼语在实际使用中均会有不同的变体形式出现，人们在交际中也会出现称呼语转换现象。有些转换是无意识的，有些转换是有意识的，二者均受一定的语用规则制约。

三、现代汉语的称呼困境

每个社会通称的语义随时代的发展而不断发生着演变，称呼语的语义演变主要包括语义泛化、语义窄化、语义升格、语义降格和语义转移等形态。语义泛化就是词语的指称范围扩大，语义向新的语义场扩张，外延变宽泛。语义窄化就是词语的指称范围缩小，外延变窄。语义升格指词语的褒义成分增加，其社会评价上升。语义降格指词语的贬义成分增加，其社会评价降低。语义转移指的是指称某事物的一个词被用来指称其他事物。不同的语义演变形态会交织在一起，词语的语义泛化经常会导致语义降格，如"美女"称呼语近年来不断泛化，结果社会评价急转直下。"同志"的同性恋新语义可视为一种语义转移。

现实生活中，汉语称呼何其复杂。因为称呼语始终处于一个动态系统中，每一个称呼语的价值变化都会引起其他称呼语的连锁反应，可谓牵一发而动全身。越来越多的中国人发现自己在日常生活工作中面临着称呼语的选择困难。刘永厚（2017）从如何称呼陌生人、泛泛之交、熟悉的人等不同情况讨论了称呼困境现象，而下文将从汉语称呼中的称呼语选择困难、性别歧视、称呼语系统的缺项和称呼庸俗化四个新的维度来探讨现代汉语称呼困境的表现形态。

（一）称呼语选择困难

称呼语选择困难是汉语称呼困境最主要的表现形式，这类困境主要发生在陌生人之间，发生在人们初次打交道时，而这个时候需要的正是社会通称。其实，每个社会成员都有一个称呼语库，人们会根据交际对象、场合等因素随时挑选得体的称呼语，但在现实中，人们依然会有很多无奈的时候。

（例2）今天早上我开朋友的车去机场接人，由于在市区路不太熟只好停车打听。见一位女士20多岁（我今年22，年龄相仿），我摇下车窗张了张口想喊她小姐，又一想找抽呢，但如果喊姐吧，人家肯定不乐意！最后改口喊了声"美女"！说实话，那女的也够丑的了，她竟然似乎还有点反感，跟我调戏她似的！同志不能用了，小姐被误用了，大姐也得瞅准了才敢喊，阿姨似乎也不流行了，美女我打赌一辈子也不再用它……郁闷！（天涯论坛＞天涯杂谈，2008-07-08）

当今，许多汉语通称的社会褒贬不一、争议不断，让人着实大伤脑筋。有些人使用了职业称谓，但也未必能保证贴切、到位。

《陕西日报》2014年7月15日报道：西安市民程女士在乘坐地铁时需要咨询，称呼身边一位工作人员为"服务员"，没想到这位姑娘脸一沉说："你以后少叫我服务员，我不是服务员！"程女士对此颇感纠结："我不叫你服务员,叫你什么呀?安检员吗?"

第6版《现代汉语词典》给"服务员"的释义:机关的勤杂人员;旅馆、饭店等服务行业中招待客人的工作人员。所以,按此定义,本例中程女士的用法确实值得商榷。

为了与他人套近乎,使用拟亲属称呼语看似是一个不错的选择,亲切而热络,又符合中国人"天下是一家"的传统文化观念。可是,现实中,并不是所有的人都愿意对陌生人使用拟亲属称呼语。潘攀(1998)认为就社会成员整体来看,泛化的亲属称谓语的运用具有地域性和阶层性倾向。一般说来,农村地区的泛化比城镇普遍,受教育程度低的居民的泛化比受教育程度高的普遍。刘永厚(2017)调查发现,北京外企员工很少使用"×哥/姐"拟亲属称呼模式,他们认为拟亲属称呼虽然亲切,但在职场使用会显得单位的管理不够专业。另外,如果称呼者和被称呼者对拟亲属称呼的判断标准、期望不一致的话,照样会出现交际失败的案例。在我们对年轻人的访谈中,很多人回忆说他们使用"大姐"来称呼年轻女性时经常招来白眼,还有人被尴尬地提醒:"麻烦把前面那个'大'字去掉!"

中国的文化源远流长,亲属称呼讲究上下有别、长幼有序,但当现实打破了传统的伦理观念,辈分和年龄产生了冲突,称呼语的选择会更加让人不知所措。例如,超常婚姻给当事人带来多少称呼方面的烦恼,以及职场中同事间纵向的地位关系发生变化时,总会引起至少某一方暂时或长时间的称呼语选择困境。

（二）汉语称呼中的性别歧视

汉语称呼中存在较严重的性别歧视现象，具体表现在以下三个方面。

第一，女性称呼语命运多舛，集中体现了"始于尊贵，终于平凡"的宿命。例如，"小姐"称呼语染上了贬义色彩，亟待正名。"美女"称呼如今泛滥成灾，持续贬值，越来越不受女孩子们待见。现在连"公主、女神"都逐渐沦落，失去了本来的尊贵。"公主"成为KTV里陪唱女孩的代名词，而浓妆艳抹的女子皆可称为"女神"。

女性称呼语几乎全线贬值，难怪一些人不禁要感慨："怎么遭殃的都是女性的词汇！"相比之下，男性称呼语就幸运得多，"先生"还一如既往是尊称，"帅哥"相对较少招人反感，就连"大哥"也颇受欢迎，给人一种成熟、稳重的感觉。

第二，某些男性称呼语可用在女性身上，表达褒义。相反，女性称呼语若用在男性身上，多表达贬义。"先生"用在女性身上时，对女士是极高的荣誉，尤指那些德高望重的女性知识分子，如"杨绛先生"。此外，"哥、爷"也会作为褒义词用在女性身上。例如，一位女生在知乎社区（2015年5月1日）写道："在我们团队，被人称作'哥'是技术靠得住的象征，和性别无关。"李宇春被称作"春哥"，表达了"粉丝"对她性格的欣赏和喜爱。影星周迅被影迷冠以"周公子"的美称。奇怪的是，这些情形下本来都可以用与女性匹配的"姐"等称呼语，人们却弃之不用，反而借助了男性称呼语。

第三，若女性专属称呼语用在男性身上，或者当传统上专属女性的行业中出现男性身影时，相应的称谓语因社会刻板印象而产生贬义联想。例如，招聘广告中"做饭阿姨（男女不限）"及"男阿姨、男护士、男保姆、男幼师"等类似用法。

（三）汉语称呼语系统的缺项

汉语称呼困境的另一个表现是称呼语系统缺少某些甚至某类称呼语，导致人们在实际使用中无从选择，或者出现使用不得体的情形。

一是男女面称的不对应性和女性配偶称呼语的缺项。"在现代汉语面称中，几乎所有的男性配偶都有与男性一一对应的面称，而几乎完全没有对应于女性的配偶面称"（凌德祥，2008：44）。

男→女（配偶）	女→男（配偶）
老师/师傅→师母	老师/师傅→（师公？）
老板→老板娘	老板→？
局长→局长夫人	局长→？
王先生→王夫人	王女士→？

这也可视为一种语言中的性别歧视，先有男性称呼语，然后再派生出女性称呼语，反之却不成。社会的刻板印象中，"师傅、老板、局长"都是男性，所以现代汉语似乎都没有充分考虑创造与之对应的女性面称词的必要性，这不得不说是现代汉语的一种不完整性。

其中，矛盾最突出的是学生如何称呼女老师的配偶，普通话没有给出标准选项。《现代汉语词典》前4版一直收有"师公"词项，其意义：①师父的师父；②男巫师。《现代汉语词典》第 5 版至第 7 版没有收录"师公"一词，但收录了"师母、师娘"两个词。既然普通话没有给出答案，生活中只能靠人们自己的智慧来克服困难。学生面称女老师的爱人不过有三种策略：①回避名词称呼语，只说"您好"，尽管有不礼貌之嫌，但也只好姑且如此。②调动其他类型称呼语，如拟亲属称呼语，"叔叔、大哥"。③使用方言称呼语，如"师公、师丈、师爹"。

二是在中国人的语言生活中，正式优雅类称呼语尚不够普及。

现代汉语中正式优雅的称呼语为数不多。"同志"的政治色彩太过浓重，它可以算正式，主要是政治性场合的正式称呼，但算不上优雅，使用范围比较受限。在一般的正式社交场合，汉语通称中本来有"先生、小姐、女士"三个体面而优雅的称呼语，本可满足交际的需求。但由于称呼观念的作祟，"先生"的使用范围一直有限，没有普及基层老百姓；"小姐"称呼不无遗憾地"掉价"，走了下坡路，加剧了汉语称呼困境。为了填补对年轻女性的称呼空白，"女士"近些年的使用范围有所扩大，从正式书面体走进老百姓的语言生活中，对缓解汉语称呼困境发挥了重要的作用。但从整体来看，现代汉语称呼语体系尚不完善，政府部门需要引导人们的称呼观念，通过语言规划来培育正式优雅类称呼语，并将之加以推广普及。

（四）称呼庸俗化

近年来，中国社会中汉语称呼行为在个别领域出现了庸俗化的苗头。

当满大街入耳的都是"美女、帅哥"时，有时候不免心生厌恶。当某些象牙塔中的学生频频对导师背称,甚至面称"老板"时,纯洁的师生关系被利益化和商业化,也让人不免担忧。

概述之,以上四类称呼困境中,一部分是语言系统层面的缺项,一部分是语言实践层面的困境。总体来看,后者主要表现在对陌生人,尤其是对陌生年轻女性的称呼语选择困难上。

四、现代汉语称呼困境的原因

现代汉语的称呼语系统缺项是称呼语困境的一个原因,但还有其他更重要的因素导致了汉语称呼困境。

(一)社会转型期中国人称呼观念多元化

称呼语的语义随着社会和时代不断变迁,每一个称呼语的语义对应着一种语言价值,中国社会处于转型期,人们的语言价值异质多元,很难在所有语项上形成完全一致的认识。称呼语困境是人们复杂多元价值观念的直接反映。姚亚平(1995)指出,汉语通称的缺乏折射出语言现状和语言伦理之间的矛盾,表明汉语交际尚未形成新型的语言伦理规范,中国社会一直处于一个语言价值重建的过程中。马宏基、常庆丰(1998)认为,旧的称谓观念(等级原则)和新的称谓观念(平等原则)相互碰撞,全新的称谓原则始终没有完全建立。

(二)语言与社会之间矛盾的加剧,语言生活更趋多样和复杂

复杂性主要有三个来源:一是称呼语的使用与交际双方的各种背景因素无不关联,如地域文化、社会阶层、性别和年龄等。二是当今中国因城市化的进程人口流动大,国际、国内各地的称呼文化相互交融和碰撞,加剧了交际的不确定性。三是在信息化、网络化时代,虚实两个语言生活空间融合发展,对社会通称提出了更高的要求。

(三)称呼语规划工作有待加强

称呼语规划应该成为我国语言规划的一项重要内容。国家通用称呼语系统要完备,要保障社会成员有足够多的可选项,这能体现一个国家的语言管理能力。国家语言生活管理水平是国家语言能力的重要内涵(李宇明,2011)。然而,汉语称呼语规划远远落后于形势的发展,在其本体规划和地位规划两个方面均可有更多作为。

现代汉语称呼困境实质上折射出了我们的文化困境,是新旧称呼文化在交替过程中发生的观念碰撞的必然结果。如何走出这种文化困境,这需要政府部门加强语言管理,引导人们的语言伦理和称呼观念,也需要语言工作者在充分调查语言事实的基础上提出合理的语言规划建议。

第二章　万变不离其宗
——称呼语的使用规则

从古至今，汉语称呼语迭代更替，不断推陈出新。然而，不管时代如何变迁，在异质多样的称呼行为背后，总会有若干语用规则，像无形的指挥棒一样指挥着人们的称呼实践。称呼语的使用是有规律可循的，是异质有序的。在深入探究汉语称呼语的语义演变和使用现状之前，本章专门讨论称呼语的使用规则，提出一个新模式，为全书的内容做好理论铺垫。

一、语言使用中的反应性维度和主动性维度

在交际中，说话人的语言使用大部分时候受制于场合、话题和人际关系等诸多因素。例如，在正式的场合，说话人一般会使用正式称呼语。在非正

式场合，人们的称呼行为也会变得随意。这时候，场合影响甚至决定了称呼语的选用。但在另外一些时候，人们并不完全被动地受制于语境，说话人常常能够发挥主体性（agency）和创造性，利用语言来实现各种交际目的。这就是语用的两个维度：前者是反应性（responsive）维度，语言使用受制于外界因素，语言是对外界的反应结果；后者是主动性（initiative）维度，语言使用更多受说话人的内在所驱动。

社会语言学家贝尔（Bell，1984、2001）提出并发展的听众设计理论较系统地阐释了语言使用中的反应性和主体性这两个维度。听众设计理论认为说话人的语言使用主要是为了适应听众。贝尔当初调查了新西兰两家电台广播员的广播语言，这两个电台的播音人员相同，并在同一个大楼里办公，但其中一家属于全国性电台，面向全国听众。另外一家属于地方性电台，主要面向地方听众。研究发现，广播员会在两家电台之间转换广播语体，在全国性电台的广播会更多使用标准英语变体，而在地方性电台的广播会更多使用新西兰英语变体。例如，在新西兰英语中，writer、latter 等词中 /t/ 发音的一个非标准音变体是 [d]，播音员讲新西兰英语时这些词听起来接近 rider、ladder。两种情境中，其他语境要素都一致，唯一的变量就是听众类型。显然，广播员是为了适应听众而转换语体。

因此，听众设计模式认为说话人的讲话方式会因听众而异。听众的角色分不同类型，含受话者、旁听者和偷听者等，说话人主要根据受话者来调整自己的言语。听众设计总体上是一个反应性的模式，但贝尔发现说话人有时会主动地转换语体来重新定义语境。因此，贝尔在模式中加入了一个主动性的成分，即参照者设计，强调说话人的语体偏离现场的听众，主动转向一个外部的参照模式。贝尔最初认为主动性变异是听众设计模式中很小的一部分，人们在会话中大多数时候还是在被动地适应他人。但后期贝尔（2001）的观点有所调整，认为反应性变异和主动性变异是语体并存互补的两个维度，在所有的言语事件中同时发挥作用。

社会语言学自20世纪60年代形成一个学科以来，早期的研究多强调语言使用者的反应性维度。例如，以拉波夫（Labov，1966、1972）为代表的变异学派专注于探究语言使用和社会阶层、年龄和性别等社会变量之间的相关性，即语言变量和社会变量之间的共变和共现关系，但并非因果关系。然而，此类研究的绝大多数研究人员有意识、无意识地采取了决定论的立场，认为社会因素决定语项的选用（刘永厚，2010）。在称呼语的文献中，一些经典模式体现的就是语言使用的反应性维度，研究者采取的就是决定论立场，如权势和同等关系、地位和亲疏模式、欧文-特里普（Ervin-Tripp，1972）和祝畹瑾（1990）的称呼语流程图等。

二、经典的称呼语使用规则模式述评

（一）权势和同等关系理论

布朗、吉尔曼（1960）使用power和solidarity两个词来分别指代社会交往中不对称和对称的人际关系，可分别译为"权势"和"同等关系"（祝畹瑾，1992）。权势指人们之间纵向的、非对称的或有等级性的人际关系，交际双方的社会地位、财富、受教育程度、辈分、年龄、性别和身体强壮程度等因素都可以导致双方之间的权势差异。同等关系指人们之间横向的社会距离或者亲疏远近，交际双方共同的经历、性别、年龄、出生地、种族、职业和兴趣等均能建立同等关系。

布朗、吉尔曼发现，在意大利语、法语、西班牙语和德语等多种欧洲语言中单数第二人称代词均有熟悉体（T）和礼貌体（V）之分，二者起源于拉丁语的 tu 和 vos。他们认为，T 和 V 的用法受制于权势和同等关系两个因素。权势和同等关系共同制约着社会中人们的称呼模式。若交际双方之间有权势差距存在，权势小的一方使用 V，权势大的一方使用 T；有同等关系的交际双方则相互使用 T；权势相等的双方若亲近的话则相互使用 T，若疏远的话则相互使用 V。这些称呼规则同样适用于名词称呼语。

（二）地位和亲疏模式

由于权势和同等关系两个概念的语义过于模糊，也存在文化差异，布朗、福特（1961）在研究美国英语名词称呼语的用法时，提出了地位和亲疏模式，认为会话双方的称呼模式由双方之间的地位（status）和亲疏（intimacy）关系决定。地位是人际关系的纵轴，决定着非相互性的称呼模式。亲疏是人际关系的横轴，决定着相互性的称呼模式。他们总结出美国英语中称呼语的用法主要有三种模式：相互使用名，如"罗伯特、鲍博"；相互使用职衔（title）+姓，职衔如"先生、小姐、医生、议员"；非对称性地使用名与职衔+姓。

布朗、福特的另一个贡献是他们总结出一个称呼语的渐进模式。称呼模式会随时间和人际关系的进展而出现有规律的变化，随着两个人交往的增加，其称呼行为势必经历如下的变化方向：两人认识时相互称职衔+姓，接着年长的或职位高的一方对另一方以名相称，而后者依然非对称性地称前者职衔+姓，直到最后两人相互称名。这就是渐进模式的总趋势，见图2-1右上角，从左到右为渐进模式的三个主要步骤，图2-1的左下角为渐进模式详细的渐进步骤。称呼变化自左上向右下渐进，可跳过中间任何一个或一个以上的步骤，但不可逆行，除非表达愤怒或谴责。英语中除了职衔+姓或名，还有职衔、姓氏和名等多种称呼方式。单独使用的职衔是最正式的称呼形式，能够表达最大程度的礼貌。单独使用姓比名更正式，但较职衔+姓更亲近；名的其他称呼形式比名更亲近。

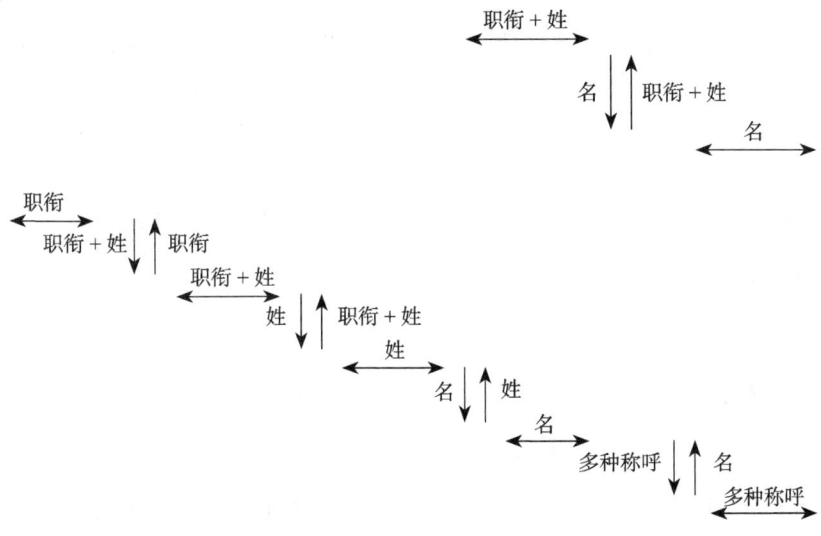

图 2-1　称呼随时间的渐进模式（布朗、福特，1961）

但要注意，交际双方的称呼模式并不一定会经历上面的三个主要步骤，有些人的称呼可能从三个步骤中的任何一个步骤开始。例如，地位相同的成年人开始的称呼模式是相互称"职衔＋姓"，领导和员工的开始阶段可能就是非对称性的称呼模式，两个年轻人一开始就可能互称名。另外，并不是所有人的称呼行为都会渐进到互称名。例如，佣人称主人"职衔＋姓"，主人称其名，这种模式不会随时间变化。但是，两个人的称呼模式若要变化，就会按照上面的方向渐进。

同时，在渐进模式中，地位高的一方始终是变化步伐的控制者，他（她）有权利按照图 2-1 的渐进方向改变对另一方的称呼方式。如果地位低的一方在渐进模式中前进得太快，或者在地位高的一方没有邀请和允许其使用更亲近的称呼语的前提下就擅自启动相互性称呼模式（如互称名），这样的行为很冒险。地位高的一方可能会因生气而从名退回到"职衔＋姓"来称呼地位低的一方，这将迫使后者在称呼模式上也往回退。近代剧作家曹禺创作的话剧《日出》中的一个例子可以很理想地演示了这一点：

（例3）[潘月亭是大丰银行的经理。李石清被晋升为襄理后，气派忽然不同了，有些趾高气扬。]

潘月亭：请坐吧。有什么事么？

李石清：月亭——[仿佛不大顺口]经理知道了市面上怎么回事么？

潘月亭：[故意地]不大清楚，你说说看。

李石清：[低声密语]我这是从一个极秘密的地方打听出来的。现在您可以放心，我们这一次的公债算买对了……

第二章 万变不离其宗——称呼语的使用规则

潘月亭：是……是……是。我听福生说你太太——
李石清：[不屑于听这些琐碎的事] 那我知道，我知道。——我跟你说，我们说不定有三十万的赚头。这还是说行市就照这样涨。要是一两天这个看涨的消息越来越真，空户们再忍痛补进，跟着一抢，凑个热闹，我跟你说，不出十天，再赚个十万二十万，随随便便地就是一说。
潘月亭：是的，是的，是你的太太催你回去么？
李石清：不要管她，先不管她。我提议，月亭，这次行里这点公债现在我们是绝对不卖了。我告诉你，这个行市还要大涨特涨，不会涨到这一点就完事。并且 [非常兴奋地] 我现在劝你，月亭，我们最好明天看情形再补进，明天的行市还可以买，还是吃不了亏。

曹禺《日出》第 4 幕

事业上野心勃勃的李石清被提拔为襄理（相当于副经理）之后，他试图缩小他和潘经理之间的权势差异，突出双方的同等关系，故而他从职衔称呼语"经理"和礼貌体代词称呼语"您"转换到名字"月亭"和熟悉体代词称呼语"你"。但是，作为下属，李石清感觉到对上司称名显得太过亲近，所以在试探性的转换后，他又转换为较稳妥的"非标记"称呼模式"经理"和"您"。但是，由于最近得意忘形，内心经过一阵斗争后，他最终还是转换了对上司的称呼模式，开始频繁地使用平等型称呼语"月亭"和"你"，并且越来越顺口，心理上也越来越习惯。他自以为巧妙地、成功地缩小了双方的权势差异，建构了足够的平等，但实际上他的这一言语行为极大地冒犯了潘经理。请注意本例中李石清的自称"我们"推进和补充了他使用的名/代词称呼语，这一复数人称代词同样揭示了他和上司平起平坐的野心。然而，双方接下来的称呼模式走向大大出乎李石清的预料。

(例4)

潘月亭：石清，你还是先回家看看吧，你知道你的儿子病得很重么？

李石清：你何必老提这个？

潘月亭：我看你太高兴了。

李石清：不错，这次事我帮您做得相当漂亮。我的确高兴！

潘月亭：[冷冷一笑] 对不起，我忘了你这两天做了襄理了。

李石清：经理，您这句话是什么意思？

潘月亭：[不搭理他] 李襄理，现在我手里这点公债是一笔钱了？

李石清：自然。

潘月亭：这一点赚头已经足够还金八的款子了吧。

李石清：我计算着还有富余。

潘月亭：好极了。有这点富余再加我潘四这点活动劲儿，你想我还怕不怕人跟我捣乱？

李石清：我不大明白经理的话。

潘月亭：也许有人说不定要宣传我银行的准备金不够——

李石清：哦？

潘月亭：或者说我把银行房产都抵押出去。

第二章 万变不离其宗——称呼语的使用规则

李石清：[谄笑]经理，何必提这个？这不——

潘月亭：我不愿意提。不过说不定有人偏要提。

李石清：经理，这话说得太远了。

潘月亭：[冷冷地看着他]就在前六七天，李襄理，你还跟我当面说过。

李石清：经理，您这是何苦呢…

……

潘月亭：李先生，这是你的薪水清单。我跟你算一算……

李石清：可是，潘经理——[忽然不再多说了，狠狠地盯了潘月亭一眼，伸出手接下钱]好，拿来吧。

潘月亭：好，我不陪了，你以后没事可以常到这儿来玩玩，以后你爱称呼我什么就称呼我什么，你叫我月亭也可以；称兄道弟，跟我"你呀我呀"地说话也可以；现在我们平等了！再见。

曹禺《日出》第 4 幕

李石清以言行事，试图缩小与经理的权势差异。但是，他在未经允许的前提下就擅自使用熟悉型称呼语的做法冒犯了上司。本例中，潘经理如法炮制，同样借助称呼语来拉大双方的距离。潘月亭首先从"石清"转换到"李襄理"（姓＋职衔）来将谈话正式化，加大言语交际力。继而，当他做出开除李石清的决定后，他当即转换到了拒人以千里之外的"李先生"。这一在关系生疏的人之间使用的称呼语这里并不表达礼貌含义，而是用来疏远人际距离（刘永厚，2011）。

即使交际双方的社会地位没有明显差距，但一方称呼模式的后退也会导致另一方的后退。如《围城》中的一例：

（例5）
鸿渐冒雨到唐家。一见唐小姐，便知道她今天非常矜持，毫无平时的笑容，出来时手里拿个大纸包。他勇气全漏泄了，说："我来过两次，你都不在家，礼拜一的信收到没有？"
"收到了。方先生，"——鸿渐听她恢复最初的称呼，气都不敢透——"方先生听说礼拜二也来过，为什么不进来，我那天倒在家。"
"唐小姐，"——也还她原来的称呼——"怎么知道我礼拜二来过？"

钱锺书《围城》第 3 章

方鸿渐和唐晓芙的恋爱关系本来进展顺利，两人已经开始亲昵地相互称名。但唐晓芙受到表姐苏文纨的挑拨，对方鸿渐的态度急转直下。此次见面中，唐晓芙从以前的"鸿渐"退回到"方先生"（头衔＋姓）来疏远对方。傻乎乎的方鸿渐竟然采用同样的称呼模式回击，结果双方的情感距离迅速拉大，很快分道扬镳。

（三）欧文－特里普、祝畹瑾的流程图

欧文－特里普（1972）用计算机流程图概括了美国英语称呼语的使用规则，概括了称呼语的选用受哪些具体的因素决定，见图2-2。祝畹瑾（1992）

将汉语称呼语的使用规则归纳成一个计算机流程图,见图 2-3。流程图中每个输入口处都会有一个选择条件,据此决定输出口的走向。

流程图的背后立场就是决定论,没有突出说话人的主体性,认为语言使用受制于社会因素。但若要全面地阐释语言使用规则,需要用主动性维度加以补充。另外,即使在反应性维度上,流程图包含了权势差异,但缺乏亲疏这一重要的横向维度。流程图未考虑亲疏变量的原因是一旦顾及亲疏因素,就需要在语言使用中考虑说话人的情感和主体性,称呼语选用的可预测性就会大打折扣。

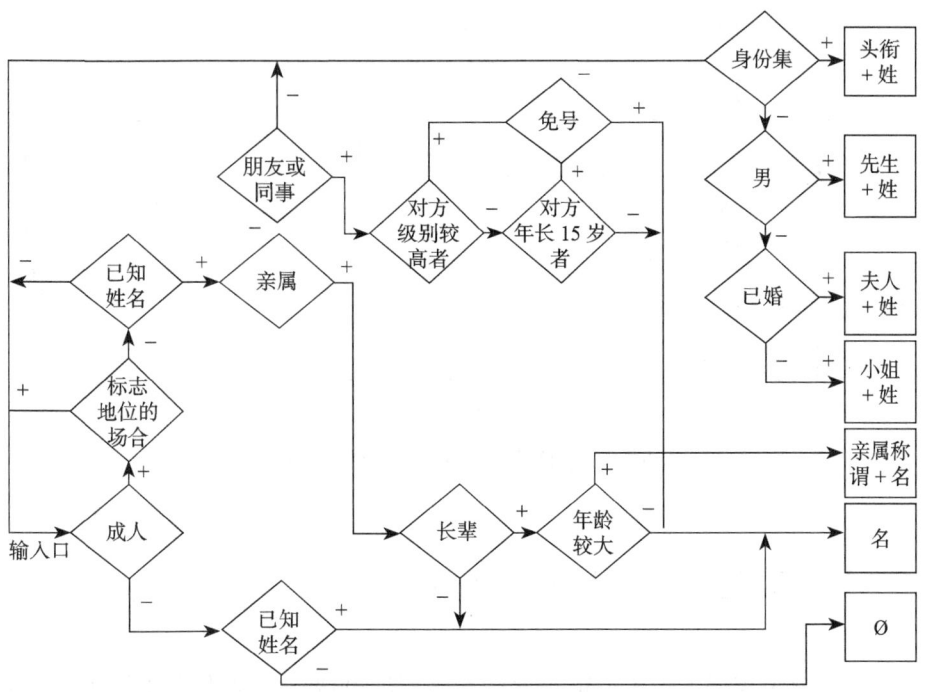

图 2-2　美国英语称呼系统(资料来源:祝畹瑾,1992;欧文-特里普,1972)

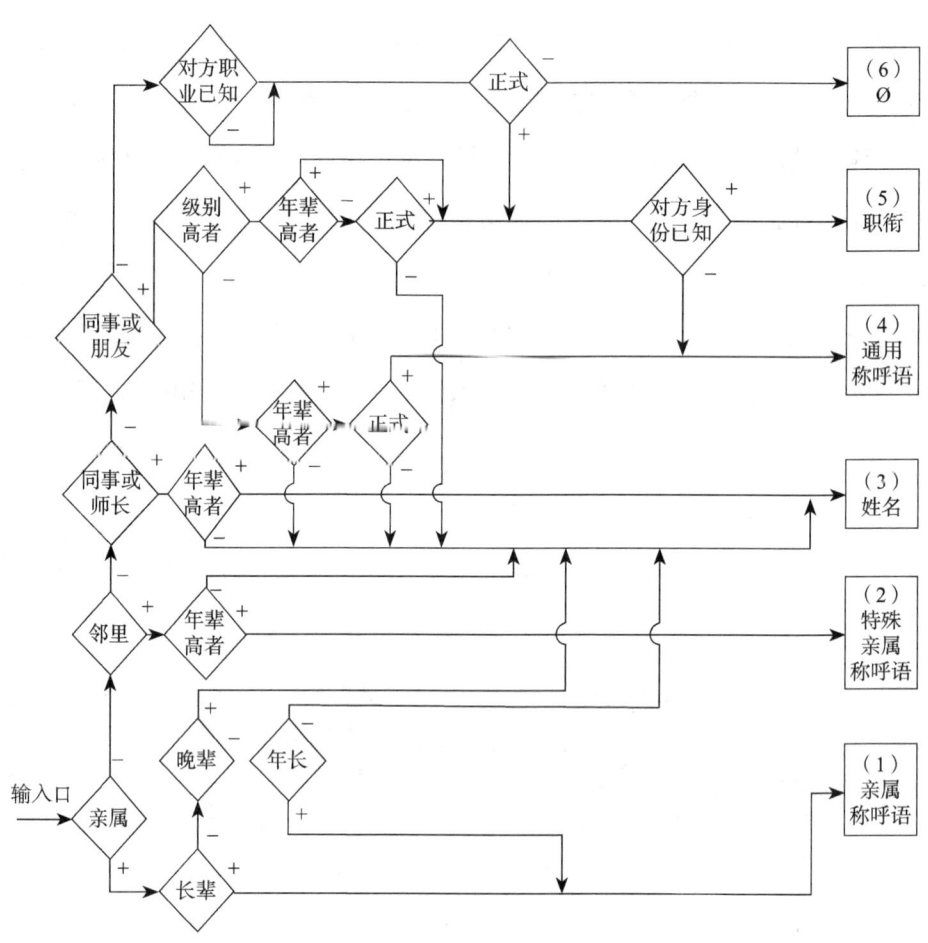

图 2-3 汉语称呼系统（祝畹瑾，1992）

（四）等差准则和情感准则模式

李树新（2004）指出，情感原则和等差原则决定着汉语的称谓方式。等差原则是一种讲究尊卑贵贱、长幼差序、贫富轻重的称谓原则，称谓带着明显的等级差别和身份的规定性。情感原则是一种讲究亲疏远近、注重关系融洽和情感交流的原则。尽管李认为等差原则和情感原则具有历史性和民族性,适用于汉民族,但究其根本,这两个原则其实就是权势和同等,抑或地位和亲疏。等差即纵向的人际关系,情感即横向的亲疏远近,这一点可见其表述"社交称谓不管如何复杂微妙,体现出来的都无非是等差关系如何,即权势的大小和亲密的程度"。

这一模式的不足之处是它没有清晰地区分出语言使用的反应性维度和主体性维度,其表述时而是反应性立场,如"称人时是遵循等差原则呢还是遵循情感原则,这是困扰说话人的一个大问题";时而又含有一点儿说话人的主体性因素,如"人们在交际中,一般或用等差原则,或用情感原则。可是经常选择等差原则时又想用情感原则,选择情感原则时又想用等差原则,让人左右为难,二者的矛盾是不可避免的……以等差原则相称在一定意义上就忽略、淡化了情感,以情感原则相称,在一定意义上就忽略、淡化了等差,二者构成了一个称谓的悖论"。总体上,此模式的立场同样对说话人的主体性考虑不够。

三、称呼语使用规则的新模式

社会语言学的最新研究越来越强调语言使用中说话人的主体性。主体性是一个来自人类学的概念,它指"经过社会文化调节的行为能力"(阿赫恩,2001:112)。人们的语言选择实际上具有高度的自我意识,很多时候是在主动选择,即使表面上看似反应性的语言选择实际上都含有说话人的主体性成分。因此,语言使用规则应该包含主动性这一维度。

在对山东菏泽单县一位 48 岁女性受访者的访谈中,她说:"领导平常都是喊我张大姐,但是开会的时候或我做错事的时候,就会直接喊我名字。"这位女士的领导在语言使用上就表现出了较明显的主体性,实施了有标记的语用策略。再看下面两则街头观察到的实例:

(例 6)[2017-07-25,江苏省徐州市铜山区街头某修理摊。顾客:男,18 岁上下;摊主:男,50 岁上下。]

顾客:哎,师傅,您好。你们这儿可以给书包换拉链吗?

摊主:可以。

顾客:叔,您看下我这个拉链需要多少钱?

摊主:三块。

顾客:叔,便宜点行不行?就一个拉链。

摊主:小伙子,我这是小本生意,进价都三块了,根本不赚钱。

顾客:好吧,那就三块吧,谢谢叔叔了。

(例 7)[2019-08-13,北京朝阳区街头某水果摊。顾客:女,20 岁上下;摊主:男,45 岁上下。]

摊主:[吆喝]美女,刚进的新鲜水果,看看需要点儿什么?

顾客:老板,西瓜多少钱一斤?

摊主:一块一斤。

顾客：那就要这块吧，称下多少钱。

摊主：五斤六两，五块六。

顾客：五块行吗，哥？

摊主：我的妹妹，本来就已经给你便宜价了，你看看附近都是一块三一斤，五块五吧。

顾客：那行吧，微信转给你。

摊主：好嘞，收到了。美女，慢走哈，以后常来。

两则会话中，在顾客与摊主的讨价还价阶段，顾客或摊主主动地转换到汉语拟亲属称呼来拉近关系，表达了一种积极礼貌，这体现了语言使用的主体性特点。有意思的是，讨价还价过后，当事人又转换回社会通称，表达一种消极礼貌。根据布朗、莱文森（1987），礼貌可分积极礼貌和消极礼貌。积极礼貌旨在拉近与他人之间的距离，消极礼貌指说话人传递了尊重之意，但同时适度保持与被称呼者之间的距离。

刘永厚（2012）曾从态度评价、人际关系协商和语境正式度三个方面探讨过称呼语发挥的认同建构功能，本书在其基础上，结合上文的讨论，提出一个称呼语使用规则新模式，以便解释人们在称呼语使用中遵循的语用规则。

新模式中，称呼语使用规则由反应性和主动性两个维度组成，下面分别演示说明，见图2-4。

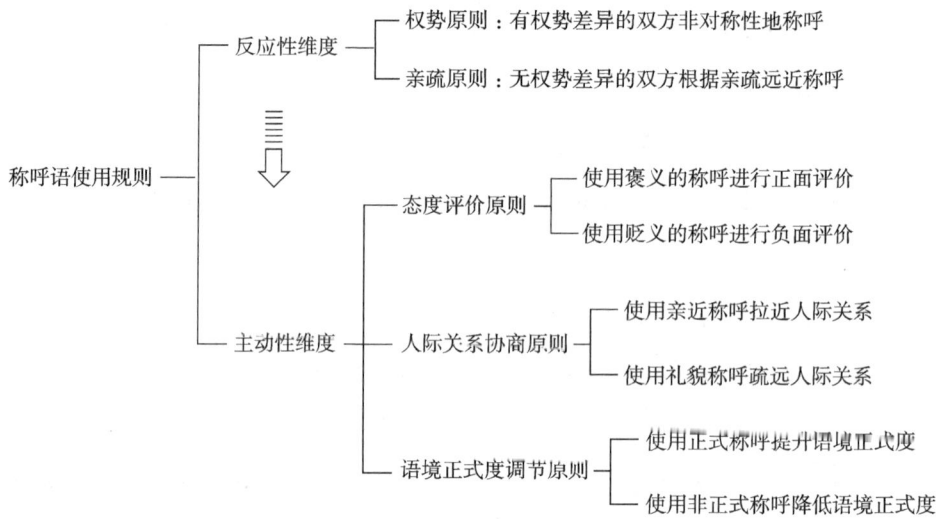

图 2-4　反应性和主动性两个维度上的称呼语使用规则

（一）反应性维度

反应性维度体现的是人们常规称呼模式背后的支配原则，认为称呼语的选用受制于客观因素，是称呼语的无标记用法。人际关系不外乎有高低尊卑、远近亲疏之分，这就是权势维度和亲疏维度。

详细说来，若交际双方之间存在权势差异，其称呼模式受权势原则支配，如某公司董事长称呼其司机为"小王"，而后者称呼前者为"董事长"，这种称呼模式是非对称性的。

若交际双方相互认识，之间又不存在权势差异，其称呼模式主要受亲疏原则支配。比较熟悉或亲近的人相互使用熟悉型称呼语，如相互称名字。关系疏远的人相互使用礼貌型称呼语，如"刘先生、陈小姐"的对称性用法。

权势原则和亲疏原则有时候会发生冲突，有时候会同时发挥作用。随着交际双方关系的发展，双方的称呼模式会经历一个渐进模式，影响因素可能会从权势原则逐步过渡至亲疏原则。再者，存在权势差异的交际双方的一方试图通过亲近称呼语表达亲近时，表达的是一种"权势型同等"（刘永厚，2007），但这时的语言使用也包含了说话人一定的主体性。

（二）主动性维度

主动性维度体现的是人们的称呼语选用没有受制于可视或不可视的客观因素，而是主要受制于说话人的主观因素，说话人主动地偏离了常规的称呼模式，转换了称呼行为以达成一定的交际目的，所以是称呼语的有标记用法。这一视角下，称呼语使用受三个规则支配：态度评价原则、人际关系协商原则和语境正式度调节原则。

态度评价原则下，说话人使用积极的、褒义的称呼对听话人进行正面评价，或者使用消极的、贬义的称呼对听话人进行负面评价。

人际关系协商原则下，说话人使用亲近称呼拉近与听话人的关系，或者使用礼貌称呼疏远与听话人的关系。详细说来，拉近人际关系可以通过同等关系最大化或权势差异最小化两种方式实现，而疏远人际关系可以通过同等关系最小化和权势差异最大化来实现。

语境正式度调节原则下，说话人使用正式称呼来提升语境的正式度和信息的重要性，使场合更加严肃；说话人使用非正式称呼来降低语境的正式度，使场合更轻松活跃。

需要强调的是，反应性维度和主动性维度不是截然对立的，二者之间是一个连续体（图2-4中用虚线箭头表示）。反应性维度主要解释人们的常规性的称呼模式，而主动性维度主要是解释人们有标记性的称呼语选择及称呼语变异。反应性视角下的语言选择也时常含有说话人的自主性，主体性可能无时不在。但只有两个维度互相补充，才能对人们在日常工作生活中的称呼行为做出全面的解释。同时，因为新模式兼顾了反应性和主动性维度，其解释力增强，但可预测性有所降低。这符合现实中言语的复杂性特点，也符合社会语言学语言变异研究第三个思潮的趋势。

主动性维度主要与人们言语中的语体变异有关。语体变异指同一个说话人在不同场合，甚至同一场合使用不同说话语体的现象，它与说话人的言语能力和所属的社会阶层有关。人们的社会阶层不同，语体变异能力也有差异。社会阶层高的人士语体变异能力更强，可在随意语体和正式语体之间自由切换。但社会阶层低的人士语体变异能力相对有限，主要使用随意语体。

第三章 汉语通称使用现状为哪般
——一项全国问卷调查的发现

为了了解汉语通称在当今中国社会的使用现状和社会评价,课题组在全国范围内进行了一项大规模的问卷调查。

一、研究问题

调查的汉语通称包括"同志、师傅、先生、女士、小姐、老师、老板、美女、帅哥、亲"和拟亲属称呼语(如"阿姨、叔叔、×哥、×姐")11个(类)。研究问题有以下四个。

(1)当前中国人使用以上各个汉语通称的频率如何?

(2)人们对汉语通称的喜欢程度怎样?

（3）当前各个汉语通称的首要指称义是什么？

（4）当前中国人的称呼观念及对于汉语称呼语规划的态度和建议如何？

二、研究方法

本次调查采取线上线下问卷相结合的形式，纸质版问卷主要针对不方便使用手机的未成年人和老年人面对面发放。问卷内容分为五个部分。

第一部分旨在考察汉语通称的总体使用频率，问题采用李克特5级量表：5分=总是，4分=经常，3分=有时，2分=偶尔，1分=从不。

第二部分调查人们对汉语通称的喜爱程度，也采用李克特5级量表：5分=非常喜欢，4分=喜欢，3分=一般，2分=讨厌，1分=非常讨厌。

第三部分列出十个通称的主要语义成分，要求答卷人逐一选择每个通称的首要指称义。各个通称的语义成分主要依据《现代汉语词典》（2016）和称呼语的权威文献逐一确定。

第四部分旨在调查国人的称呼观念、人们对汉语称呼语规划必要性的态度、称呼语规划的可接受度，以及汉语方言对于普通话通用称呼语规划的借鉴意义。

第五部分是答卷人的个人信息，含年龄、性别、学历、职业和所在地区。第五部分中，年龄划分依据我国1994年后的年龄划分标准，分为四个阶段：18岁以下（少年）、18~40岁（青年）、41~65岁（中年）和65岁以上（老年）。性别分为男性和女性。学历分为四组：高中及以下、大专、本科、研究生及以上。答卷人的所属地区划分为七大自然地理分区：东北、华北、华东、华中、华南、西南和西北地区。

线上线下问卷的发放和回收时间前后共持续八个月，主要在2017年5~12月完成。线上问卷使用问卷星设计并发放，答卷人通过微信或电脑端填写问卷。线下问卷向未成年人和老年人面对面发放，在学校向未成年人发放，在街头和社区向老年人发放。全国共成功回收2845份问卷。刘永厚（2017）对其中的2580份问卷进行了初步分析。为了准确、客观地反映出称呼语的使用现状和社会评价，研究严格按照地区平均抽样，东北、华北、华东、华中、华南、西南和西北地区每个地区均抽取300份有效问卷，七个地区合计2100份，同时兼顾了年龄、性别、学历和社会阶层这些变量。2100份问卷的数据基本能够客观地反映出当前汉语通称使用和评价的全国面相。

三、结果与讨论

下文的数据统计和分析按照汉语通称的使用频率、受喜欢程度、主要语义成分顺序，以及人们对汉语称呼语规划的态度和建议逐一展开。

（一）通称的使用频率

通称的使用频率及排序如表3-1所示，使用频率满分为5分。表3-1列出了每个（类）汉语通称在2100份问卷中的使用频率均值及在所有通称中的排序。

表 3-1　通称的使用频率均值及排序

通称	均值	排名
拟亲属称呼	3.47	1
美女	3.02	2
师傅	2.93	3
老板	2.78	4
帅哥	2.76	5
老师（称呼非教师人士）	2.60	6
亲	2.39	7
先生	2.23	8
女士	2.01	9
小姐	1.78	10
同志	1.69	11

注：使用频率：5 分 = 总是，4 分 = 经常，3 分 = 有时，2 分 = 偶尔，1 分 = 从不。

在所有通称中，拟亲属称呼语的使用频率最高，排名第一，体现了拟亲属称呼语在中国社会人际交往中的重要性和不可取代性。数据的交叉分析结果显示：社会阶层越低，拟亲属称呼语的使用频率越高。

"美女、师傅、老板、帅哥、老师"五个称呼语的使用频率较高，使用均值略高于或接近"有时"，体现了其较高的流行度。

"亲、先生、女士"的使用频率相对较低，均值仅高于"偶尔"。其中，"亲"作为一个时尚称呼语，其使用频率随人们的年龄增加而递减，青年人是主要使用群体。性别方面，女性比男性更多使用"亲"。女性使用它的频率接近"有时"，男性的使用频率仅接近"偶尔"。26% 的女性"经常"使用它，而仅有近 7% 的男性"经常"使用它。

"小姐"和"同志"两个称呼语的使用频率排在倒数两位,远低于"偶尔"。数据表明,这两个称呼语在现实中已遭受冷遇。

(二)通称的受欢迎程度

表 3-2 统计了 2100 位调查对象对通称的喜欢程度,满分为 5 分。表 3-2 列出了每个(类)汉语通称在 2100 份问卷中受欢迎程度的均值及在所有通称中的排序。

表 3-2 通称的受欢迎度均值及排序

通称	均值	排名
拟亲属称呼	3.46	1
老师	3.29	2
师傅	3.28	3
先生	3.27	4
美女	3.23	5
女士	3.22	6
帅哥	3.18	7
老板	3.08	8
亲	3	9
同志	2.89	10
小姐	2.6	11

注:喜欢程度:5 分 = 非常喜欢,4 分 = 喜欢,3 分 = 一般,2 分 = 讨厌,1 分 = 非常讨厌。

从表 3-2 可知:① 最受欢迎的四个(类)称呼语依次是"拟亲属称呼"

"老师（称呼非教师人士）、师傅、先生"。②受喜欢程度居中的是"美女、女士、帅哥、老板、亲"。③最不受喜欢的称呼语是"同志"和"小姐"，与其使用频率相关。

性别与喜欢程度方面：一个突出的现象是女性喜欢"亲"的程度远高于男性（3.16∶2.75）；她们对"女士"的喜欢程度也高于男性；但她们对"美女"和"小姐"称呼语的喜欢程度却低于男性。男性喜欢"先生、帅哥"这类男性专用称呼语的程度高于女性。通过这一对比可以看出，女性对女性专用称呼语更加挑剔。

社会阶层方面：总体上，答卷人的社会阶层越高，喜欢"先生、女士"的程度就越高。上文的使用频率数据也显示，答卷人社会阶层越高，使用"先生、女士"的频率就越高。这两部分数据说明，这两个称呼语在社会阶层高的人群中认可度更高。

数据显示，对于拟亲属称呼而言，答卷人的社会阶层越低，越欢迎拟亲属称呼语。这基本与潘攀（1998）的结论相吻合：泛化的亲属称呼语具有阶层性倾向。

地区因素方面：一个发现是华南地区对"先生、女士、小姐、老板、美女、帅哥和拟亲属称呼"的喜欢程度均高于其他地区。华南地区经济更加发达，人们的思想更加开放，对称呼语的使用更加包容。其中，对"小姐"的使用频率和喜欢程度上，数据呈现一致趋势，从高到低依次是华南、华东、华中、西南、华北、东北和西北地区，佐证了樊小玲等（2004）的研究，"小姐"称呼语在沿海城市和经济更加发达的地区可接受度和使用频率更高。经济越发达，社会开放程度越高，这一称呼语就越受欢迎。

年龄方面,年龄越大,越受喜欢的称呼语有"师傅、先生、女士"。相反,年龄越大,越不受喜欢的称呼语是"小姐"。

学历方面,学历越高,越不喜欢的称呼语包括"拟亲属称呼语""美女、小姐、老板、师傅"。其中,"拟亲属称呼语"和"师傅"更受学历低的人群欢迎。"美女、老板"如今比较俗气,在高学历人群中相对不受欢迎。"小姐"也被污名化,在高学历人群眼中的形象岌岌可危。相反,学历越高,越喜欢的称呼语有"先生、女士、亲"这些优雅类或流行称呼语。

(三)通称的主要语义成分顺序

答卷人对问卷中每个通称的首要指称义都做了选择,下面表3-3是各个通称语义成分的排序及选择各个语义的人数占比。

表3-3 汉语社会通称的语义成分顺序及其人数占比

通称	语义顺序	语义成分	人数百分比(%)
同志	1	称呼同一政党成员	47.24
	2	人们惯用的彼此间的通称	27.43
	3	指称同性恋人士	14.38
	4	其他	10.95
师傅	1	有技艺的老工人	36.71
	2	普通工人、体力劳动者	31.05
	3	服务行业人士	17.90
	4	人们惯用的彼此间的通称	11.19
	5	其他	3.14

续表

通称	语义顺序	语义成分	人数百分比（%）
先生	1	对成年男性的通称	51.05
	2	知识分子、有一定身份的成年男性	38.76
	3	对老师的尊称	2.66
	4	其他	5.10
	5	有身份、有声望的女性	2.43
小姐	1	一般年轻女性	41.71
	2	专指从事色情活动的女性	33.86
	3	服务行业的女营业员、服务员等	15.81
	4	其他	5.81
	5	地位较高的女性	2.81
女士	1	对女性的尊称	71.67
	2	年龄较大的女性	23.52
	3	其他	2.67
	4	年轻的女性	2.14
老师	1	对教师的尊称	46.9
	2	称呼有一技之长的人	31.19
	3	称呼文艺界、新闻界、出版界值得学习的人	13.81
	4	对一般社会成员的泛称	6.48
	5	其他	1.62
老板	1	私营企业的员工对企业主的称呼	70.52
	2	一般社会成员的通称	14.33
	3	其他	5.90
	4	职场员工对上司的称呼	5.52
	5	高校学生对导师的称谓	3.71

续表

通称	语义顺序	语义成分	人数百分比（%）
美女	1	年轻女性，无论是否貌美	48.90
	2	女性的通称	33.67
	3	年轻貌美的女子	15.33
	4	其他	2.10
帅哥	1	年轻男性，无论是否英俊	51.52
	2	男性的通称	28.29
	3	年轻英俊的男子	17.90
	4	其他	2.29
亲	1	网络购物时的称呼	54.19
	2	称呼关系亲近的人	24.90
	3	一般社会成员的通称	10.52
	4	有相同兴趣和爱好的人	6.14
	5	其他	4.24

"同志"的语义成分顺序及各个语义的人数占比为："同一政党成员的称呼语"（47.24%）、"人们惯用的彼此间的通称"（27.43%）、"指称同性恋人士"（14.38%）和"其他"（10.95%）。这一顺序表明，"同志"已经演变为一个主要与政治相关联的称呼语，主要用来称呼同一政党成员。它"公民间通称"的语义已经变窄；同时，选择"同性恋人士"为首要指称义的人数占比不低，表明语义降格在加剧。若把年龄作为自变量，发现年龄越大，把它用作"人们惯用的彼此间的通称"的人数比例越高（18岁以下24%；18~40岁人群为20%；41~65岁人群为36%；65岁以上为71%）。年龄越大，选"同性恋人士"首要指称义的比例越低（18岁以下为8%；18~40岁人群为16%；41~65岁人

群为14%；65岁以上为4%）。因为18岁以下的人群尚未成年，可能对社会实际情况了解不够，其数据对整体趋势略有出入，但其他三个年龄组人群数据的规律比较明显。

"师傅"的语义顺序为"有技艺的老工人"（36.71%）、"普通工人、体力劳动者"（31.05%）、"服务行业人士"（17.9%）、"人们惯用的彼此间的通称"（11.19%）、"其他"（3.14%），表明曾经在全国各行各业风靡多年的"师傅"出现了语义变窄、语义回归的现象，当前主要指称义包含"有技艺的老工人，普通工人、体力劳动者，服务行业人士"。其中，65岁以上人群将它用作彼此之间通称的比例明显高于其他年龄段人群。

"先生"的语义特征依次为"对成年男性的通称"（51.05%）、"知识分子、有一定身份的成年男性"（38.76%）、"其他"（5.10%）、"对老师的尊称"（2.66%）、"有身份、有声望的女性"（2.43%）。选择前两个语义特征为首要指称义的人数占比合计高达90%，表明"先生"主要用于成年男性，尤其是社会地位较高的男性。

"小姐"的语义成分为"一般年轻女性"（41.71）、"专指从事色情活动的女性"（33.86%）、"服务行业的女营业员、服务员等"（15.81%）、"其他"（5.81%）、"地位较高的女性"（2.81%）。这部分数据表明"小姐"的语义在持续快速贬值，认为其与色情语义有关的人数约占34.00%，占比较高。

"女士"的语义成分顺序依次为"对女性的尊称"（71.67%）、"年龄较大的女性"（23.52%）、"其他"（2.67%）、"年轻的女性"（2.14%）。"对女性的尊称"第一指称义比例较高，表明其既可以用在年轻女孩子的身上，也可以用来称呼中年或年龄较大的女性，其语义基本无太大争议。在"小姐"饱受争议的时代，"女士"对其有重要的补位功能。

"老师"的语义特征顺序依次为"对教师的尊称"（46.9%）、"称呼有一技之长的人"（31.19%）、"称呼文艺界、新闻界、出版界值得学习的人"（13.81%）、"对一般社会成员的泛称"（6.48%）、"其他"（1.62%）。从中可以看到，"称呼有一技之长的人"已升为第二语义成分，表明"老师"已进一步泛化。在此背景下，理发师等职业人士被称为"老师"就容易理解了。但是，选择"对一般社会成员的泛称"人数比例（6.00%）并不高，表明"老师"在全国范围内作为通称的用法尚不普遍。

"老板"的语义泛化程度还不高，它的语义特征顺序为"私营企业的员工对企业主的称呼"（70.52%）、"一般社会成员的通称"（14.33%）、"职场员工对上司的称呼"（5.52%）、"高校学生对导师的称谓"（3.71%）、"其他"（5.90%）。华南地区和华中地区选择"一般社会成员的通称"为第一语义的人数比例显著高于其他地区，说明它在这两个地区的泛化程度更高。

"美女"的语义成分顺序："年轻女性，无论是否貌美"这一语义的人数比例为48.9%、"女性的通称"（33.67%）、"年轻貌美的女子"（15.33%）、其他（2.10%）。从中可见，这一面称当前的语义泛化程度之高，被称呼者不一定貌美如花，它明显经历了语义降格。

"帅哥"的语义数据分布与"美女"相似："年轻男性，无论是否英俊"（51.52%）、"男性的通称"（28.29%）、"年轻英俊的男子"这一传统语义的人数仅占17.9%。可见，"帅哥"也出现了语义泛化现象，但其社会评价比"美女"略好一点。

"亲"是 21 世纪初加入汉语称呼语系统的一个新成员。本次调查中，其主要语义成分顺序为"网络购物时的称呼"（54.19%）、"称呼关系亲近的人"（24.9%）、"一般社会成员的通称"（10.52%）、"有相同兴趣和爱好的人"（6.14%）、"其他"（4.24%）。可以看出，"亲"当前主要用于网络购物及关系亲近的人之间。

（四）称呼观念和对称呼语规划的态度

问卷的第四部分围绕中国人的称呼观念、人们对汉语称呼语规划的态度，以及汉语方言对补充普通话称呼语系统缺项的借鉴意义等展开。

在称呼观念方面，针对"您认为人们的日常称呼行为应该主要依据什么原则"一问，8.57%的调查对象认为"应主要依据双方的职位、地位和财富等差异"；38.48%的人认为"应遵循平等、亲切和相互尊重的原则"；52.95%的人选择"两者都重要"。从中可见，中国当前社会的主流称呼观念认为在决定称呼语的选用上，纵向的权势因素和横向的同等关系都重要。另外，约38%的人首选平等、亲切和相互尊重的原则，这一点反映了社会成员的一种美好愿景，渴望在称呼行为中体现更多的平等。

在"您认为当前普通话中的称呼语使用起来是否简单、方便"这一问题上，73.05%的人认为"简单、方便"；9.43%的人认为"烦琐，不方便"；17.52%的人选择"无法回答"。共有 62.96%的答卷人认为使用普通话交流时存在称呼语选择困难，即很多场合找不到合适的称呼语来称呼听话人，这说明了普通话称呼语方面存在称呼困境现象。

第三章 汉语通称使用现状为哪般——一项全国问卷调查的发现

69.57%的人认为"目前,汉语有必要加强称呼语规范和引导",24.19%的人认为"没必要,任其自由发展"。6.24%的人选择"无法回答"。

83.14%的人愿意接受"女士"作为女性的通称;86%的人愿意接受"先生"作为成年男性的通称,表明这两个称呼语具有较高的社会评价,培育基础好。

相比之下,"小姐"的社会争议较大,仅43.1%的人愿意接受"小姐"作为年轻女性的通称,43.05%的人"不能接受",13.86%的人"无法回答"。支持者和反对者的比例基本持平。这反映出其当前尴尬的境遇,它的社会评价存在较大争议。

方言对普通话的借鉴意义。对"在您所处地区的方言中,学生可用来称呼女老师爱人的称呼语是什么"这一问题,35.67%的人选择"老师(儿)";29.52%的人选择"无",即一些方言中也没有对应的称呼语;16.62%的人选择"师公";还有分别约4.00%的人选择"师丈、师父、师爹";在"其他"一类中,使用拟亲属称呼"叔叔、哥、姐夫"占绝大多数,也有人选择"先生"等。可见,学生除了可以根据女老师爱人的年龄选用拟亲属称呼,方言中的"老师(儿)"和"师公"是两个主要借鉴的称呼语。

有关"您当地(方言)有哪些对男性、女性的通称值得推广以便解决很多场合的称呼困境"这一问题,根据答卷人的反馈,正式场合可以使用的方言称呼语几乎没有。但是,非正式场合可以使用的称呼较多:有华北地区的"掌柜的";华南地区通用的"靓仔(漂亮的小伙子、帅哥之意)、靓女(年轻漂亮的女子)、靓姐、靓姨、阿弟、阿妹、老细(老板)";湖北话中称呼成年男性和女性广泛使用的"男将、女将";东北方言中的"老铁"(哥们儿之意);天津地区适用于所有女性的"姐姐"等。可见,在非正式场合,方言称呼语的多样性满足了不同地区人们的语言生活需求,很好地弥补普通话的不足,在部分程度上缓解了汉语通称选择困难和通称缺失。

四、当前汉语通称使用的整体特征

通过这些数据,笔者归纳出当前汉语通称整体面相的以下五大特征。

(1)在整个社会层面,不管是线上还是线下,主流称呼观念是称呼平等化,如"师傅、美女、帅哥、亲、先生、女士"等众多平等型称呼语的广泛使用,以及熟人之间的以名相称,均印证了这一点特征。

(2)拟亲属称呼语在中国人的语言生活中发挥着重要作用。无论是使用频率,还是受欢迎程度,拟亲属称呼语都排在第一位。拟亲属称呼语的流行表明汉语亲属称呼语在进一步泛化,进一步向社会称呼语转变。

(3)汉语社会通称发生大面积的语义降格现象。"同志、小姐、美女、帅哥、老师、老板"这些通称的语义演变均体现出这一趋势。其中,"老师"面称的语义贬值伴随着许多社会职业的粉饰及其社会地位的提升;"美女、帅哥"因过于泛滥而贬值;"老板"也已遍地皆是,面目全非;"小姐"因色情服务而挂了彩;"同志"与同性恋沾了边儿。

(4)对整个中国社会而言,称呼的现代文明程度仍需提高,汉语的雅言雅语需要继续推广。尽管"先生、女士"比较受欢迎,但其使用频率却排在通称榜的倒数第三位、第四位,远远落后于通俗大众的拟亲属称呼。

其中,"小姐"是一个国际通行的年轻女性的雅称,它在社会中的遇冷令人担忧。

(5)网络空间和现实空间的两个语言生活空间已融合发展,线上称呼语向线下语言生活转移的速度加快。例如,淘宝体称呼"亲"成功跻身为一个汉语社会通称的重要成员,在年轻人的语言交际中发挥着不可低估的作用。

第四章　四海之内皆兄弟
——汉语称呼的亲属化

亲属称呼在古汉语中已系统化，并随着社会的发展不断泛化到非亲属领域，造就了汉语发达的拟亲属称呼语系统。

高本汉（2010）将古汉语分为上古汉语（夏朝以前到晋朝的汉语）和中古汉语（南北朝到宋朝前期）。随着中国近现代化的进程，以早期白话文为基础的近代汉语生根发芽，以北方话为基准、现代白话文为语法规范的现代汉语也蓬勃发展。不同时期的汉语拟亲属称呼语的语义演变轨迹迥然不同。

下文首先简要回顾一下拟亲属称呼语在上古汉语、中古汉语、近代汉语、现代汉语尤其是网络环境中的语义演变。

一、汉语拟亲属称呼语的语义演变史

潘攀（1998）研究了现代口语中16个定型的拟亲属称呼语：爷、奶、

第四章 四海之内皆兄弟——汉语称呼的亲属化

伯、叔、伯母、妈、娘、婶、哥、兄、嫂、姐、兄弟、弟、妹、姑娘。考虑到古汉语中拟亲属称呼的特殊用法，我们主要研究的泛化亲属词素有24个，其中用于称呼长辈的有爷、奶、公、婆、父、母、娘、伯、叔、爸、妈、婶、姑、舅、姨；用于称呼同辈的有哥、弟、兄弟、嫂、姐、妹；用于称呼晚辈的有侄、甥、姑娘。

通过检索爱如生中国基本古籍库，我们发现以上24个亲属词素在古代汉语中并非完全泛化。针对上古汉语的检索结果，尚未出现的亲属词素有奶、爸、妈、姑娘，同时多数亲属词素没有产生泛化现象，仍作为亲属称呼使用，泛化的亲属词素有5个：公、伯、父、母、叔。其中，最早的泛化亲属词素记载在先秦的《国风·召南·甘棠》中"蔽芾甘棠，勿翦勿败，召伯所憩。"其余的如先秦列御寇的《愚公移山》中"北山愚公者，年且九十，面山而居"；《墨子·兼爱上》中"臣子之不孝君父，所谓乱也"；左丘明的《郑庄公戒饬守臣》中"吾子其奉许叔以抚柔此民也"等。

中古汉语时期，除"婶、爸、姑娘"未出现外，其他亲属词素多数已泛化。如《敦煌变文集新书》中"阿姨道（到）底是那"，这里"阿姨"是佛门女弟子的泛称；还有《寒山寺校注》中"张翁与郑婆，一去无消息"，《旧五代史·后唐·列传六》中"武俊嘉其勇干，畜为假子，号王五哥"等。

在近代汉语和现代汉语中，亲属词素已全部泛化，且数量大增，但泛化具有选择性和不平衡性。其中，同辈拟亲属称呼泛化最快，长辈和晚辈拟亲属称呼次之。在同辈拟亲属称呼语中，泛化的男性亲属称谓远远多于女性（刘永厚，2017）。

在构词方式上，泛化的亲属词素在上古汉语和中古汉语大同小异。相同的构词方式：姓+亲属词素、名+亲属词素、国家/地名+亲属词素、工作性质（官职）+亲属词素、排行+亲属词素，如《春秋》中的"萧叔朝公"、《韩非子》中的"寡人将立管仲为仲父、愚公移山、张翁郑婆、亚父范增、台山婆子、孟孝伯、王五哥"等。不同的构词方式：上古汉语的谥号/封号+亲属词素、神话传说+亲属词素，如"萧叔葛伯、雷公电母"；中古汉语的亲属词素直接泛化、颜色+亲属词素，如"爷、阿姨、哥哥、紫姑"，但数量极少。

在近代汉语和现代汉语中，泛化的亲属词素的构词方式几乎一致，主要有老/姓/名+亲属词素、姓/排行+亲属词素、职业/工作性质+亲属词素、个人特征+亲属词素、神灵/帝王年号+亲属词素，如"老奶奶、孙二娘、管家婆、的哥、黄胖姑、土地/乾隆爷"。但与古汉语相比，因分封制消亡，封地/封号/谥号+亲属词素的方式已不复存在，而现代汉语形成一批新的构词方式：职业/老/大/小/+亲属词素，如"老大哥、直播/快递/外卖+小哥"等，且数量呈指数增长。尤其是网络环境下，克隆的拟亲属称呼语飞速增长，其构词方式新颖独特：性格特征/装扮风格/活动事件/动物名称+亲属词素，如"辣妈、火星弟弟、章鱼哥"等。

此外，我们按照语义成分分析法对泛化的亲属词素进行分析，考虑到不同时期语义成分的差异性，分析古汉语的亲属称谓语语义成分有8个：[±血亲]、[±男性]、[±长辈]、[±尊称]、[±面称]、[±亲近]、[±政治色彩]、[±神话色彩]；分析近现代汉语的亲属称谓语语义成分有10个：[±人类]、[±血亲]、[±男性]（实际）、[±长辈]、[±年长]、[±尊称]、[±面称]、[±尊敬]、[±亲近]、[±个体]。

第四章 四海之内皆兄弟——汉语称呼的亲属化

不同时期泛化的亲属词素已无亲属含义，不再表示血缘关系，但各个时期的语义成分脱落和新增却迥然不同。

在上古汉语中，拟亲属称呼仍保留标志性别、辈分和尊称的成分。受分封制和神话传说的影响，部分拟亲属称呼添加了政治色彩和神话色彩，如《周语》中"郑伯将王自圉门入，虢叔自北门入"；《嫦娥奔月/嫦娥飞天》中"羿请不死之药于西王母，托与姮娥"。这一时期，多数拟亲属称呼具有尊敬崇拜的感情色彩，但极少数用于面称。中古汉语时期的拟亲属称呼语保留了上古汉语中的性别区分功能、政治色彩和神话色彩；尊敬语义开始脱落，亲近语义增加，如"师父、师兄/妹"；其辈分含义也在动态保留中发生微妙变化，如"少爷、野/渔父"，且用于面称的拟亲属称呼语日渐增多。

在近现代汉语中，其亲近语义更加凸显，频繁用于日常打招呼中，如"王奶奶、李大爷"；辈分功能开始淡化，区别年龄的成分开始脱落，出现性别颠倒现象。在现代汉语中，多数拟亲属称呼语保留表示年龄、辈分和性别的功能，部分表示的功能在动态变化中。新兴职业拟亲属称呼语集中涌现，如"股爷、吧哥、动/空姐、直播小哥哥"，逐渐固化为专有人名的用法增加，如"雷锋叔叔、王婆、知心姐姐"等。拟亲属称呼包含的尊敬色彩淡化，一些新的色彩却愈加丰富浓厚，如感情色彩、民族色彩、地方色彩、外来色彩和口语色彩。网络环境下的拟亲属称呼语弥漫着娱乐与戏谑的气息，多数是一种调侃、嘲讽和猎奇，其"复制+粘贴"的生产模式催生了庞大的汉语拟亲属称呼语家族。其中，在新媒体各路推手的创造下，×哥、×姐家族迎来了春天。

二、汉语拟亲属称呼语的使用现状

在第三章全国性的调查中,与其他社会通称相比,拟亲属称呼语在使用频率和受欢迎程度上,得分均雄居榜首,这说明了拟亲属称呼语植根于中国大地,源远流长,深受中国人喜爱。

(一)拟亲属称呼语的使用领域

下文将主要探讨当前中国人在日常生活、汉语方言片区、工商业、新兴职业、娱乐圈、时尚圈和新媒体领域中使用拟亲属称呼语的情况,并尝试揭示其广泛使用的社会心理原因。

1. 日常生活

亲切的拟亲属称呼语能够拉近交际双方的心理距离,所以被频繁用于人们的聊天和各种闲谈场合。拟亲属称呼易增加彼此的依赖感和安全感,在建立和维持这种"亲如一家人"的泛家庭关系中扮演重要角色。同时,人们加入"姓、老、大、小"等词素对拟亲属称呼语改造创新,以此类泛化标记来区分血缘关系,如"张大爷、李大妈、刘奶奶、王叔"等。

"叔叔"和"阿姨"日渐泛化为一般性称呼,特别是"阿姨",它已经成为清洁工、保姆、宿舍管理员等职业的代名词。因二者暗含把对方叫大叫老,其使用也是备受争议。若使用恰当,给予对方亲切感,缩短心理距离,交际成功。若使用不当,把人家叫大、叫老了,让对方心理上难以接受,则交际失败，甚至给对方留下年龄大的心理阴影。日常使用的同辈拟亲属称呼，已基本脱离血缘的语义成分，且辈分、年龄和性别语义成分也逐渐消失，中国人彼此互称"哥、姐"已成潮流。

2. 方言片区

中国人对称谓的讲究由来已久，各地环境、风俗、方言和经济发展模式各不相同，导致称谓也存在差别。方言中的称呼语带有鲜明的地方特色，其中泛化的亲属称呼呈现出地方选择性、区域不平衡性和用法差异性的特点。因此，中国的称呼文化地域性特点显著，不同方言中的称呼语是各地区文化的一面镜子，在此仅选取部分代表性方言作为典型例子。

（例8）值得关注的是，相较于其他称谓，各地对女性的称谓似乎更具地方特点。在东北，称呼年龄比较小的女孩子为"老妹儿"比较亲切，称呼年龄稍大的女性，可以叫"大姐"；四川话"孃孃"表示阿姨；在广东，得叫"靓妹、靓姨"；湖南话称呼女孩子为"细妹子、妹陀"；还有天津"姐姐"。（社会科学报，2018-11-27）

例如，以"京油子"和"卫嘴子"著称的北京话和天津话在称呼上各显神通，叫一声"姐姐"（jiě jie）或"大哥"（dá gè），就道尽了两地的不同。天津话独有称呼智慧，一贯秉承着礼下于人的宗旨。对陌生女性，从十五六的小姑娘到四五十的中年妇女，都可一律称为"姐姐"；对陌生男性，甭管对方年龄多大，几乎都可称为"大哥"。而且天津"姐姐、大哥"的发音要到位，才能叫出其精髓，幽默风趣又不失礼。与天津话相比，北京话中的拟亲属称呼语，存在明显的代际称呼差异（陈松岑，1984）。

又如，赵琪和徐晓红（2009）研究了上海话和东北话亲属称呼语泛化的不均衡现象，并指出不论是东北话还是上海话的亲属称呼语，辈分差别越大，就越容易发生泛化。称呼语亲属词在东北话中泛化的范围广于上海话，而表敬准则在上海话中占上风。

3. 工商业界

做生意和顾客打照面，开宗明义第一条就是打招呼。拟亲属称呼语凭借其亲近语义优势，活跃于各类商业活动中，通过拉近商户与客户之间的距离，助力交易成功。

就其指称对象而言，称呼语分为两类：一类指称人，用于商户与客户之间的招呼；另一类非指称人，属于称谓范畴，其中主要是企业名称，如"北京马大姐食品有限公司、湖北省红嫂子旅行社有限公司、北京一休哥汽车用品有限公司、常山县乔老爷酒厂"等，以同辈亲属词素泛化为主，主要有"哥、姐、嫂子"。

就性别而论，企业名称中的拟亲属称呼与从业人员性别、服务对象性别成正相关。包含"姐、嫂子"等女性泛化亲属词素的企业，主要集中在食品、家政服务、物业管理、日化等与百姓生活密切相关的轻工商业，其中"×嫂"称谓日益职业化；而包含"爷、哥"等男性亲属词素的企业，则多集中在建筑劳务、汽车行业和电子机械等行业，从业人员和服务对象多为男性。

这两类并非没有交集，反而密切相关，彼此促进。在日常买卖活动中，商户和客户间常用亲属化称呼。久而久之，双方之间建立起信用称呼机制，如"马大姐"不仅是对老板的称呼，还表示一种亲切信任的关系。在此信用称呼机制上，部分企业找到了名称创作的灵感，进一步加强了这种称呼信用关系，以此建立和打造自己的品牌。

4. 新兴职业

在互联网电商、人工智能飞速发展的时代，一批新兴行业产业迅速崛起。新的产业势必催生新的职业，新的职业则带来新的称呼。

（例9）外卖小哥登上诗词大会，打工14年熟记上千首诗。（央广网，2018-04-02）

（例10）美丽动姐给丫头山村小朋友普及高铁知识。（中国铁路官微，2019-04-25）

研究发现，各行业职员，对拟亲属称呼语的使用主要受到从事职业类型、场合和从业年龄的影响，其构词方式主要为"行业/职业＋大/小＋亲属"词素。泛化的亲属词素中，表达同辈的"哥、姐"成为主流，如"快递/外卖小哥、铁/动姐、直播小姐姐、水果哥"。究其原因，可能是这类拟亲属称呼在为通称缺环补位的同时，既反映职业新特征，又兼顾心理年龄需求。

5. 娱乐圈

在全民皆"粉"的时代,"粉丝"们为表达对自家"爱豆"的喜欢,往往创造各种昵称,拟亲属称呼语就是其一。构词方式与传统相似,"姓/名/事件+亲属"词素,谢娜被称为"娜姐";华晨宇因无歌词演唱和与众不同的思维方式被称为"火星弟弟"。

此外,还有"数字/颜色+亲属"词素、部分纯亲属词素、性别颠倒的拟亲属称呼,如韩三平被电影圈尊为"三爷"。数字"一"表示在圈内的地位、观众的认可与喜爱程度,不能随便使用。董卿因连续13年主持春晚被称为"央视一姐",何炅被称为湖南卫视"一哥"。名字中含有颜色字的女星统称为"颜色姐"。周冬雨的绰号为"冬哥"、吴诗诗被称为"诗爷"等,则是性别颠倒的用法,主要与女星潇洒、豪气的性格有关。周芷君(2017)认为娱乐圈中的拟亲属称呼语主要反映了娱乐明星的个性特点、穿着长相、爱好习惯和扮演角色,其辈分、年龄语义成分日渐脱落。这一面受社会平等氛围影响,一面与明星们注重健身保养,看起来年轻有关。

6. 时尚圈

一般认为,走在前沿的时尚圈和略显俗气的拟亲属称呼语是八竿子也打不着的关系,但是二者的碰撞竟擦出时尚艺术的称呼火花。时尚圈的拟亲属称呼可分为统称和单称两类。统称如时尚界的资深领头人物被称为"时尚教父"。单称多用来称呼走秀模特。为了表达对某些模特的喜爱,"粉丝"们脑洞大开,创造了各种昵称。香奈儿的艺术总监卡尔·拉格斐,被称呼为"老

佛爷"或"时尚圈的凯撒大帝",是对其占据时尚圈制高点的赞称。刘雯被"粉丝"昵称为"大表姐"则是生活小插曲:

(例11)据说一次刘雯私下去逛街,被"粉丝"认出来,刘雯很害羞,不肯承认,说自己不是刘雯,是刘雯的表姐……当场被戳穿,"粉丝"也是被刘雯的倔劲儿给萌翻了,从此刘雯就多了一个外号——大表姐。(尚之朝,2018-09-27)

在单称中,多数拟亲属称呼语保留性别区分功能。

7. 新媒体

在万物皆媒的环境下,以新兴网络科技为支撑的新媒体飞速发展,微信、微博、抖音和快手等媒体平台应运而生,随时随地上传和更新文字、图片、音频、视频信息。各路媒体为吸引"粉丝"、收割流量、刷圈内存在感更是在称呼"粉丝"和自嘲上煞费苦心,而其中的拟亲属称呼则是吸粉的一大杀手锏。新媒体中的拟亲属称呼语用法大胆、新颖独特,全方位覆盖,从注册账号、发布标题内容到直播/后台"粉丝"互动,如以闪电手速涂口红的"口红一哥";NBA球星杨尼斯因姓氏字母太多,被球迷昵称为"字母哥";时尚芭莎的官微自称为"芭姐";直播中频繁使用的"小哥哥、小姐姐"。

由于网民以年轻人为主,所以媒体语言以同辈拟亲属称呼"哥/姐"为主,呈现出年轻化趋势、衍生传播速度快、影响范围广的特点。涂海强、杨文全（2011）强调"人们在报刊和网络中类比词语模，通过最小的心理投入获取最大的认知效果，从而衍生出语义和谐的'哥'类词语"。这种以"哥、姐"著称的流行称谓，顺应了网络使用群体和舆论对象的年龄层次和娱乐心理（查家敏、高湛茱，2011）。

语言演变时时刻刻都在进行中，称呼语也不例外。当前，"小伙伴、小哥哥、小姐姐"三个称呼语呈现出了流行和扩散的势头，如大唐不夜城"不倒翁小姐姐、石头人小哥哥"等用法。这三个称呼将被称呼者加以年轻化和可爱化。关于"小哥哥、小姐姐"的社会接受度，天涯论坛某楼主发起一个网络调查：涯友们讨厌"小哥哥、小姐姐"这种称呼吗？截至2019年11月14日，有707人参与投票，其中讨厌占41%，不讨厌占59%。喜欢的人表示：

（例12）哥、姐表达了尊敬和亲密，叠个字，哥哥、姐姐软化了语气，拉近了双方的距离，表现了自身的软萌！一个"小"字又毫无痕迹地抵消了哥哥、姐姐带来的年龄感，简单的称呼真正实现了叫与被叫者双赢的局面！（大笑联盟，2018-07-01）

而反感"小哥哥、小姐姐"的人认为，其在网络空间的广泛传播和频繁使用，给人一种搭讪、肤浅、矫情做作的感觉。

（二）新兴拟亲属称呼语广泛使用的原因

新兴拟亲属称呼语在各领域广泛使用，但与传统用法相比，在构词方式、语义成分、使用范围上有很大不同。鉴于传统社会结构、人际关系、泛伦理化等原因已被详细探讨（潘攀，1998；张希玲，2007；杜璇，2017），我们主要讨论新兴拟亲属称呼语广泛使用的原因，特别是"拟亲属称呼语的变化，显现出价值观念和民族文化心理的变化"（吴慧颖，1992：6）。

1. 社会心理因素

随着社会快速发展，新潮流不断涌现，规避含蓄、标新立异、追求时尚已成为一种普遍心理诉求。这种心理诉求体现在各种创新创造活动中，语言的创造使用则是其中一项（王春等，1995）。

对于新兴拟亲属称呼语的创造使用，年轻人扮演着重要角色。他们敢爱敢恨，追求特立独行、时髦年轻，甭管"爱豆"还是路人甲，只要能满足喜爱、调侃、嘲讽、猎奇等心理诉求，都是创作的对象。他们不仅创作，而且通过网络新媒体频繁使用和宣传，加之从众心理、认同心理的影响，使"哥、姐"等拟亲属称呼广泛使用。好像不知道"小哥哥、小姐姐"的称呼，就是落伍，没法好好聊天了。新兴拟亲属称呼既符合年轻化的称呼心理，又满足了时尚潮流的追求，在人们的交际生活中越发重要。

2. 文化心理因素

传统文化和新兴文化皆促使拟亲属称呼语的广泛使用。李树新、杨亭

(2005)考察了亲属称谓泛化的文化心理,认为讲究亲疏远近、注重关系的融洽和情感的交流之情感原则为亲属称谓泛化提供了条件,表达了人们的情感诉求。现代社会的多元包容文化更是为新兴亲属称呼语的泛化提供沃土。尤其是网络社交的开放性、宽容度、包容度不断提高,汇集的五彩斑斓文化推动了新兴拟亲属称呼语的广泛使用。文化的多元必然伴随着价值观的多元,价值观的多元则是称呼多样化的根本。

3. 拟亲属称呼的自身特点

陈建民(1990)、潘攀(1998)、祝克懿(2004)等探讨了汉语社会称谓语的短缺是亲属称呼语泛化的原因。另外,拟亲属称呼语紧跟时代潮流发展,不断更新变化,其时髦性、亲切感、平等称呼机制和使用的便捷性,符合当下人们的称呼心理需求,所以被广泛使用。

三、拟亲属称呼语的不得体使用情况

拟亲属称呼语的广泛使用弥补了部分通称缺环,一定程度上有助于缓解称呼困境,但其自身也存在称呼困境。拟亲属称呼虽亲切自然,但不够高雅,其表示的年龄和辈分功能,与社会推崇的年轻化、平等化气氛不搭,使其在都市遭受冷遇。

拟亲属称呼语的称呼困境源于情感原则和等差原则的矛盾(李树新,2004),即"称谓悖论"。人们使用拟亲属称呼语无非是打照面、套近乎、表亲切，主要应用了情感原则，但其表达的亲切、自然和平等，与等差关系所暗含的级别关系相矛盾。既想套近乎，又想拉开点距离以暗示等差关系，却发现"鱼与熊掌不可兼得"而一度处于称呼困惑中。这种困惑在动态变化的关系中最明显，如甲年龄比乙小，辈分比乙大，甲原来是乙的下级，现在升职成为乙的上级，这时候双方都处于称呼难的境地。尤其在非正式场合中，如果以原来的"兄弟"称呼，语气是亲切了，但尊敬大打折扣了，使双方处于一个称呼尴尬的境地，怎么称呼都感觉不舒服。

拟亲属称呼语虽具有补位功能，但也存在一些不得体使用情况，接下来主要讨论年龄、称呼场合和人际关系。

（一）年龄

对称呼者来说，称呼语的使用既要符合实际年龄，又要迎合对方的心理接纳年龄，这绝对是一大考验。虽说近年来拟亲属称呼语的年龄语义成分在逐渐脱落，但"大爷、大娘、大妈、叔叔、阿姨、大姐"等称呼仍具有明显的年龄标记功能。

（例13） 许多人以为，对比自己年龄大的人高称呼是对别人的尊重，其实则不然……一中年男子在市场准备买菜，一年龄和他差不多的妇女热情地问道："大爷，你想要点儿什么？"，中年男子回敬道："大娘，我什么也不想要。"说完，他直奔其他菜摊。（聊城论坛，2008-08-15）

受社会推崇年轻化风气的影响，这些含有年龄标记成分的拟亲属称呼，经常会因年龄发生"拌嘴"。主要原因是年龄标记词所含示的年龄，与被称呼者的心理接受年龄不匹配，违反人际接纳原则而导致交际失败。

（二）称呼场合

说话看场合，沟通讲技巧。一般情况下，称呼需要根据场合的正式程度来选择正式称呼或非正式称呼。选择正确，则照顾到对方的积极面子和心理活动，实现交际成功。拟亲属称呼语在"庸俗的—高雅的"维度得分较低（刘永厚，2017），接地气的亲切称呼决定了其主要使用于非正式场合。潘之欣、张迈曾（2001）的调查也表明，亲属语扩展用法更多地用在非正式场合。拟亲属称呼使用不得体主要源于场合冲突论，即在正式场合使用了拟亲属称呼语。当然，这是总体使用规律，不排除在个别正式场合，拟亲属称呼语能发挥意想不到的交际作用。

（三）人际关系

每个人在社会交往中扮演不同的角色，也就形成了不同的人际关系，如同学关系、同事关系和朋友关系等。"称呼语对人际关系有着敏锐的反应，是人际关系的指示器"（张积家、陈俊，2007：47）。同什么人交际，应怎样称呼，不仅在于他们各自的身份，更在于他们之间的相互关系。杨亚萍（2011）调查发现，称呼困境主要存在于上下级之间和陌生人之间。若交际双方熟悉度高,彼此互称"哥/姐",一般很少存在使用不恰当的情况。但称呼者面对陌生人时,尤其是很难确定双方的交际关系时,即使想打照面拉近关系,也需要心理适应和认同,有时候很难直接使用拟亲属称呼语。

四、拟亲属称呼语的使用建议

拟亲属称呼语家族庞大、成员兴旺,广泛出现在各个领域中。但随着高频率使用、非常规使用,其弊端逐渐暴露,亲属称呼语日益社会化,尤其网络环境下的拟亲属称呼语充斥着娱乐与戏谑的氛围,更多表达的是一种调侃、嘲讽、猎奇心理,对中国的社会风气和称呼观念带来一定负面影响。此外,拟亲属称呼语虽有补位功能,但也有自身的称呼困境。针对以上问题,本文将从个人、媒体和语言工作者层面给出应对策略。

(一)个人实践层面

个人实践层面有以下三点建议。

(1)拟亲属称呼语使用不当的根源在于称呼观念和文化心理。在这个新旧观念碰撞的时代,人们不仅要紧跟时代称呼潮流,还要批判使用,形成新的称呼观念。此外,应不断了解不同地区称呼文化的差异性和禁忌之处,避免踩雷区。巧用交际顺应技巧,扮演好语言"变色龙"的角色。

(2)在选择拟亲属称呼语时,对被称呼者年龄的判断上,遵循"见人减岁"的黄金准则,尤其是在称呼女性时。

（3）拟亲属称呼语和社会通称、礼貌性零称呼在称谓系统里互为补位。若不擅长用拟亲属称呼语，那就机灵些，换用"先生、老师、师傅"等通称或"您好、打扰一下、请问"等礼貌性零称呼语。

（二）新媒体

要解决汉语称呼困境，净化称呼生态，引导正确称呼观念的建立，并非一己之力可以解决，需要发动社会各方面力量。孙屹山（2018：49）认为，在以微信、微博为代表的新媒体时代，信息的传递不断互动化，"网络互动已形成新的互动机制和关系形式"；并指出在信息传播中，"意见领袖更多地进入信息的早起挖掘阶段，开始有能力左右传播的方向和大众对事件态度的走向，逐渐与传统媒体、网络媒体占有相同的话语权"。

近年来，网络环境下的拟亲属称呼语略感低俗、肤浅。传媒中的"哥姐风潮"充满戏谑性（廖广莉，2011）。不管对方品德如何，是网红就称呼"哥/姐"，如坐拥400多万"粉丝"的网红"乞丐哥"，各大媒体竞相报道时都称呼"乞丐哥"。"哥"原用来称呼比自己年龄大或相仿的男性，含义亲切，但此例中"乞丐哥"是一个逃犯，涉嫌多类案件，却被媒体们亲切地称为"哥"，把称呼文化扔在了一边。下面是一组对比：

（例14）"工艺品店妹妹"撒撒娇就骗到上千万元，一万多人上当！
（人民网，2019-10-20）

(**例 15**)帅!关键时刻,还是咱兵哥哥靠得住!(央视新闻,2019-10-21)

亲属称呼语在网络空间的恣意创造和传播与媒体工作者的失责有关。因此,新媒体工作者在蹭报道热度的同时,更要审慎思考,用好、监督好网络空间的称呼语。官媒、"大V"等优秀意见领袖,应利用"粉丝"优势,敢于发声,呼吁树立正确的称呼观念,引导拟亲属称呼语朝着良好、健康的方向发展,净化社会风气和称呼生态文化环境。

(三)语言工作者

语言是思想的直接现实。除了个人和媒体层面,语言工作者还扮演着重要的研究角色和引导角色。针对以上称呼困境和称呼生态文化建设问题,语言工作者应做好语言研究工作,把握称呼语的内部运行规律和演变规律,提出专业建议并协助相关语言管理部门做好规划工作,引导社会成员树立新的称呼观念,培养积极健康的称呼心态。

第五章 大浪淘沙始见金
——"师傅"在百姓生活中仍喜闻乐见

"师傅"一词作为称呼语有很长的可追溯历史。在时代的更迭兴替中,它经受住了语言变迁的潮起潮落,至今依然是活跃在中国人日常生活中的一个语言因子,真可谓是"大浪淘沙,洗尽铅华无数"。

一、"师傅"的语义演变

最早在战国时期,"师傅"泛指老师。《穀梁传》曾有记载:"羁贯成童,不就师傅,父之罪也。"《夜谭随录·棘闱志异》:"吾虽少长於汝,然而师傅也,汝弟子也。以弟子而上凌师傅,读书何为?"继秦汉之后,"师傅"由泛指从事教育工作的老师变为专指帝与王的老师,即"太师"与"太傅"的合称。《史记·吴王濞传》记载:"吴太子师傅皆楚人。"《汉书·疏广传》记载:"父

第五章 大浪淘沙始见金——"师傅"在百姓生活中仍喜闻乐见

子并为师傅,朝廷以为荣。"此时"师傅"仍然表征"老师",但总是和朝廷、太子、大夫联系在一起,由此可见"身为师傅,贵极人臣",因而具有"一定的排他性"(徐梓,2007)。从南宋开始,"师傅"一词的地位开始下移,除了指代帝王之师外,也可作为尊称来称呼衙门中的役吏,如《阅微草堂笔记·槐西杂志三》:"又一吏恒得贿舞文,亦一生无祸,然殁后三女皆为娼。其次女事发当杖,伍伯风戒其徒曰:'此某师傅女,宜从轻。'"也可用来称呼僧道人士,如《古今小说·梁武帝累修归极乐》记载:"离此间三十里,有个白鹤山,最是清幽仙境之所,朕去建造个寺刹,请师傅到那里去住。"

到了清朝中后期,其指称的社会对象开始逐渐平民化。为表尊敬,"师傅"可用来称呼工、商、戏剧中传授专门技艺的人。尽管"师傅"的语义不断泛化,但是表征"老师"的这一含义沿用至今,呈现出"一定的语义继承性"(刘永厚,2017),但整体而言,都有一种"尊敬"的感情色彩在里边。

俄国十月革命的一声炮响,给中国送来了社会主义,"同志"开始在中国共产党党员内部使用。中华人民共和国成立之后,政治气氛浓厚,各族人民坚定共产主义信念,为共同目标而奋斗,无高下之分的"同志"也走出党员内部,成为社会泛尊称。

20世纪60年代,我国坚持社会主义工业化的战略,工人阶级开始当家做主。无论工厂内外,"师傅"这一称呼都十分普遍。当人们称你为"师傅"的时候,就证明你政治上没问题,一下子"师傅"就流行开了(祝畹瑾,1984)。"师傅"的出现和流行,解放了人们的思想,最终走出工厂,走向社会,一度成为社会通称。无论男女,无关性别,各行各业,甚至警察、解放军战士在那个年代也可被称为"师傅"。

经历过改革开放,社会主义市场经济在我国确立,社会变化日新月异,生产力空前解放,中产阶级崛起,消费社会来临,经济发展带动新职业,"老板、总经理"等新的称呼语开始流行,"师傅"的权威地位下降。这说明市场条件下已经出现了越来越多的社会分工和职业类别;同时也反映出人们不再单纯地注重手艺,而开始强调教育、气质和品位。社会分工的增多与人们对更高素质的要求,也正是一个社会进步文明的重要标志(李明洁,1996a)。

时至今日,"师傅"称呼语的热度不断消退,其指代范围不断缩小,出现语义回归现象,由之前的社会通称变为对有一技之长、尤其是体力劳动者和服务行业人员的称呼。但作为社会通称之一,在"无称可呼"的情况下,"师傅"仍是一个不错的选项。在第三章全国的调查中,"师傅"的受欢迎度排在第三位,说明它在中国老百姓的日常生活中仍喜闻乐见。

二、"师傅"的使用现状

然而,与几十年前相比,"师傅"称呼词的适用职业、人群和对象都发生了很大的变化。本小节重点从职业、性别、年龄、地域、关系转换和称呼者与被称呼者的社会阶层方面,对"师傅"的使用现状做一探讨。

(一)"朴实"的"师傅"——职业区别

除了被用作社会通称,"师傅"如今主要用在有专门技术的工人、服务行业人员，或者有一定技能且多为从事体力劳动者的身上，如工厂工人、建筑工人、环卫工人、司机和厨师等职业最容易被称为"师傅"。这些职业都比较"朴实"，接地气。相反，对于高级别的工程师，目前是比较流行"×工"称呼模式，如"程工"。

（例16）"我们那个年代，单位喊人就两种情况，一种是喊师傅，一种是喊老师。"1981年就在杭钢工作的杜师傅回忆，很能代表一个时代，"一般的工人，我们都前面加个姓，喊师傅。我姓杜，就是杜师傅，听起来特别有'我们工人有力量'的感觉。但如果是有点儿文化气息的单位，就喊老师——比如曾经杭钢有个教育处，那里的同事我们都喊老师。"

杜师傅说，还有一种比较特殊的情况，是新人进工厂时，会有个"一对一、传帮带"的师傅："这个师傅，等于是带你入门的人，那么就是喊师傅的时候是不加姓的，显得亲切。"

那"师傅"一词，是不是已退出职场了呢？其实，在有"传""帮""带"氛围的公司里，"师傅"还是存在的。比如，泰隆银行杭州分行的胡女士说："业务部门员工初入企业会有拜师敬茶的仪式，带他入行的老员工，一般就称'师傅'。"（网易新闻2017-08-02）

"师傅"的"一技之长"这一语义特征，是社会上的广泛认识，一位接受访谈的年轻人如是说。

(例17）[2019-07-23，受访者：男，年龄：20岁，地点：北京。]

采访者：您好，想请问您平时使用"师傅"这个称呼语吗？

受访者：是的，经常用。

采访者：哦，那请问您是通常在什么样的情况下对谁使用"师傅"这个称呼语呢？

受访者：嗯……比如说乘公交的时候，呃……司机看到我跑着要上他的公交车，他会等我，我上车以后会说："谢谢师傅。"另外一个比如说，呃，日常生活嘛，我去修一个拉链，之前会说："师傅，麻烦您给我修理一下我的拉链。"

采访者：也就是说，通常"师傅"这个称呼语是针对那些您认为有技术特长的人来使用的。

受访者：是。师傅，我认为就是啥呢，是有这个一技之长的人，对这些人的一种称呼。

（二）男性大权独揽的"师傅"——性别差异

在当今社会的环境下，"师傅"这一称呼在使用的过程中已经越来越多地受到性别刻板印象的影响，似乎逐渐成了男性的专利，这方面也出现语义回归。当然，对于那些有手艺且上了年纪的女师傅们，她们也不会反感这个称呼。今天若称呼妙龄少女们为"师傅"，她们会感到十分奇怪或者不舒服。比如下面的例子：

第五章　大浪淘沙始见金——"师傅"在百姓生活中仍喜闻乐见

（例18）在上海的时候，那天我外出和朋友聚会走在路上被一个小伙子问道："师傅，到某某地怎么走？"我一下子没反应过来，以为不是叫我，我是一个女子，为什么叫我"师傅"呢？感觉不太舒服，连称呼女的都是"师傅"，这是为什么？（天涯杂谈，2010-02-26）

"师傅"更多的与男性紧密相连，这与其所适用的职业有很大关系。在司机、厨师等服务行业和一些体力劳动相关的行业，男性所占的比例远远超过女性，因此，"师傅"在性别角色上逐渐成为男性的象征。

（三）"年长"的"师傅"——年龄差异

在选择称呼语时，交际双方的辈分高低是十分显著的影响因素。随着社会的变迁，时至今日，往日不分长幼的"师傅"更多的被用来指称中年以上的特定人群。因为它强调在某个领域熟练掌握一定技能的人，所以其指称对象一般具有资历高、年龄大的特点。

显然，这种略显"老"的称呼更适用于年龄较大的人群。如果年轻人被称为"师傅"，他们会感觉不舒服，感觉被叫老了。因此，社会上对"师傅"的评价也出现了两极分化。例如，我们在辽宁省鞍山市访谈一位中年女性的情况如下：

（例19）[2018-08-01，受访者：女，年龄：51岁，地点：鞍山市。]
采访者：您好，可以问您几个关于称呼语使用的问题吗？

受访者：行。

采访者：请问您今年多大年纪了？

受访者：51。

采访者："师傅"这个称呼语，请问您最近还有使用吗？

受访者：有使用，这个几乎代替同志了。

采访者：那您是在什么情况下使用师傅这个称呼语的呢？

受访者：比如说首次接触，或者是工作当中不太熟悉，还应该尊重对方时，这个时候就可以叫师傅。

采访者：那您还有没有听过别人使用的？

受访者：有，太多了。

采访者：那如果别人用师傅称呼您的话您会觉得好吗？

受访者：很好！我挺愿意听。

采访者：那您是女性这块儿您觉得也没有问题是吗？

受访者：没有问题，在我看来女性也好，男性也好，岁数大也好，比我小也好，在我不知道对方姓什么叫什么的情况下，以及我还得尊重他的情况下，用师傅这个称呼语都是合适的，对别人也是一种尊重。老人就叫老师傅，小孩就叫小师傅，都可以称呼的。

这位受访者不仅喜欢使用"师傅"来称呼他人，也喜欢被称为"师傅"，认为这个称呼老少皆宜。然而，年轻人对这个称呼语的认识却有很大不同。

（例20）前几天,我和一个同事在某小饭店吃饭,这个同事是个二十出头的小姑娘,娇滴滴的,如含苞欲放的花骨朵一般,竟然也没有逃脱被服务员喊"师傅"的命运。当时,饭店里一个四十多岁的中年女服务员很有礼貌地对美女同事说:"这位'师傅',你们点的爆炒河虾没有了,能换个别的菜吗?"美女同事听到这话,显得很不高兴。(秦楚论坛,2017-05-15)

（例21）为什么一听"师傅"这个词眼就那么恶心呢,有的人还生怕你不老,前面还要加个"老师傅",其实我也就三十来岁的人,喊我先生、同志、同学、老板、老师或者美男子,我都觉得听着特舒服。(零距离论坛,2016-05-04)

可见,对"师傅"的年龄,社会上存在不同的认识,这与当事人的年龄及经历的年代等因素有关,但这也是"师傅"的语义窄化和语义回归引起的不同社会认知,属于正常现象。

（四）日渐陌生的"师傅"——关系转换

"师傅"当年的泛化,使其自身语义空间更加广阔。从这个意义上来说,"师傅"在一定程度上缓解了社会通称缺环现象所引起的交流不便,缓解了"无称可呼"的尴尬,促进了人与人交往的畅通性。

当下,"师傅"单独使用时,当然可以用在熟人之间。熟人之间,这一称呼的出现形式分两种：一类是单独使用，比如徒弟称呼其"师傅"；另一类是用在非师徒的关系中，如同事、上下级之间，多采取"姓+师傅"的形式，如"李师傅"，多流行于工人或从事服务行业的人员之间。

但作为社会通称，它更多被用在陌生的人际关系中，比如在街头巷尾，当我们想请人帮忙，如买卖问路，因不了解对方的职业背景，为表尊重，尊称对方为"师傅"，给人亲切感，以拉近双方的心理距离，提高交际的成功率。偶尔，会给它加个前缀，如"老师傅、小师傅"，但这类用法的频率已大不如从前。

除此之外，"师傅"在一些情况下也含有一种雇佣关系。一声"师傅"，称呼者与被称呼者包含一定的利益关系在里面，具有一定的现实取向性。就拿修水管来说，我叫你一声"师傅"，我付给你钱，你帮我修水管，你提供服务。在本质上来说，这就是一种雇佣交易。

值得一提的是，近些年来，随着时尚产业的迅速发展，在某些传统上"师傅"盛行的领域，如理发行业，过去的剃头师傅已被冠以"师"之称谓，如发型设计师、美发师、造型师、理发师等。在一些连锁理发店，顾客会说"我想找某某老师理发"。由此可见，从"师傅"到"老师"，称谓的变化体现了该行业从业人员社会地位的提高，但在语言层面，这是以"师傅"一词从这些领域的隐退为代价的。

北京有家怡瑞造型理发连锁店，顾客走进店里，技师会迎上来问："您好，是要理发吗？"或"有指定的老师吗？"笔者曾访谈过其左安门店店长小鹏：

第五章 大浪淘沙始见金——"师傅"在百姓生活中仍喜闻乐见

(例22)[2017-04-19,受访者:男;姓名:小鹏;地点:怡瑞造型左安门店。]

小鹏:这个行业以前把理发师叫师傅,现在叫老师。理发行业越来越专业和正规,需要老师这样一个尊称。顾客也有称呼他们为老师的,因为一些顾客对做发型有要求,又有不明白的地方,就会跟他们请教、商量怎么做头发……但也有上了年纪的人会称他们师傅。

可以看出,在美容美发这类行业,"师傅"和"老师"还处于分庭抗礼的阶段。一部分顾客是不喜欢称呼理发师为"老师"的,在他们眼中,理发师不是老师。另一部分使用的人也未必有多么乐意,只是跟随社会潮流罢了。但不管怎样,"师傅"正逐步退出许多传统手工技能型领域。

(五)阶层分化的"师傅"——被称呼者的社会阶层

俗话说,"人有三六九等,话有五花八门"。语言不是一个封闭的系统,语言使用与交际双方的社会阶层属性密不可分。"师傅"多用来指蓝领阶层,如司机和工人等体力工作者,是社会地位不高的代名词。一些收入高、社会地位较高的人士,如一些白领阶层,不愿意被他人称为"师傅"。比如,在网络论坛上看到有顺风车司机留言,他对于乘客称呼他们为"师傅"比较反感:

（例23）那些打顺风车的能不能别乱称呼车主了？上午带一个顺风车乘客，上来就是"师傅"你好，我就很无语，你看我哪里像"师傅"了？我一个互联网知名企业资深程序员，开二十多万的车，有北京牌照，就是上班路上带个人，你叫我"师傅"？顺风车和快车真的不是一个东西，谢谢。（老王教育说，2019-03-16）

显然，该车主是一名收入不错的白领人士，属于社会的中上层，话里话外流露出满满的优越感，被人叫声"师傅"似乎受到了侮辱。又如下面的例子：

（例24）前几年刚留在学校里工作，一次大型活动需要请"专门人士"帮忙；初出茅庐的我，很礼貌、很客气地说："师傅，麻烦您帮我们把音响、灯光调试下"，却不想对方脸色一变，虽然没有发作，不高兴之情却溢于言表。事后，有"过来人"告诉我，在学校里工作不论做什么，喊"老师"总没错；你喊他"师傅"，他或许觉得你看不起他、歧视他。在一个区分性的认识里，"师傅"和"老师"具有不同的社会地位和社会评价；不谙"潜规则"的年轻人，难免要犯错。（正义网，2017-08-31）

（例25）我是北方人，来广州打工，刚换了一家家具厂。刚进厂里也不大熟悉，有天在厂里找某办公室，正好遇到一个精干的中年人，就上去询问："师傅，财务部在哪儿？"结果那人用愤愤的眼神盯着我，仔细看了看我的工牌就走了。我还在疑惑，这什么人嘛！第二天，工厂的同事传得沸沸扬扬，说是我嘲笑了大老板，待不长了！我十分纳闷，老板我都不认识，嘲笑他干什么！一个跟我要好的同事告诉我，说大老板早年就是个小木匠，靠着老婆家里投钱才做大的，最讨厌别人提他是个小工人的过往。

我才知道那天的中年人就是大老板，可是我们那边见人都是叫师傅的，是尊称。没等我解释，财务就让我去领工资，说后面工厂活儿也不多了，让我走人！就这样，一声师傅让我不得不离开了这个厂！

（百家号，2018-01-12）

由此可见，尽管"师傅"作为社会通称虽然总体上还受欢迎，但实际上已经贬了值，主要用在社会地位相对不高的人士身上。在高层次的社交场合，很难听到这个称呼语，它更是与优雅沾不上边儿。

三、"师傅"日渐式微的原因

纵观"师傅"的演变历程，从红极一时的社会通称，到某一特定群体的泛称，其"身价"可谓大起大落。这背后究竟是哪些因素在推波助澜？

（一）称呼语的多元化趋势所致

一方面，社会主义市场经济的蓬勃发展也使一些原本弃之不用的旧有称呼语被重新启用。"老板"复活。复活的实质是语义的再启动,即"过去曾经用过而后来又被淘汰了的词语,随着观念的更新和事物的重现而重新活跃在言语交际之中"(朱永锴、林伦伦,1999)。除了"老板",还有"先生、女士"等多个泛尊称现在供人们选择。

另一方面,随着当今中国人的语言价值观念日趋多元化,个别称呼语一统天下的时代早已一去不复返了,称呼行为日趋多元化。此外,随着近年来社会的多元化和网络媒介的迅速发展,一些新型的社交称呼语借助网络这一媒介对"师傅"的冲击也很大,比如"美女、帅哥、亲、小可可、小姐姐"等。对于广大的受众人群,人们有了更多的选择,不局限于"师傅"。

(二)年轻人对新的称呼趋之若鹜

不同年龄阶段的人群可以是新旧语言形式的代言人。老年人趋于稳定,安于现状,相对比较怀旧,表现在语言上便是更多地使用旧形式;而年轻人追求新时尚,表现在语言上则是更多的使用新形式(戴庆厦,2007)。随着社会的开放和发展,新兴的社会称呼语也不断涌现。青年人接受新鲜事物较快,能够较为合理地根据被称呼者的年龄、职业和性别等因素灵活选择合适的称呼语,不单单拘泥于"同志、师傅",比如"美女、帅哥"的语义泛化。不管称呼者是男是女,不管多大岁数,也无论受教育程度如何,在称呼年轻的女性或男性,甚至中年男女时,"美女"和"帅哥"都可使用。年轻人没有经历过"师傅"盛行的特殊年代,对于这一词语并无强烈的认同感。而且,青年人乐于迎新,在他们的心目中,"师傅"所含有的尊重色彩已大大淡化。如"同志"的命运一样,"师傅"虽迎合了社会的一时之需,终因行业意味过重而正慢慢退出公众视野,年轻人使用它的频率越来越低。

(三)"师傅"是特定历史时期的产物

所谓时代性是指称谓语在一定的历史条件下产生,应在一定的历史阶段使用,反映了特定时代的政治、经济、文化及人际关系(马宏基、常庆丰,1998)。陈建民(1999:121)写道:"随着工人宣传队进驻学校和研究院所,工人社区中的尊称'师傅'便从厂内传到了社会……从此,'师傅'这一称呼在全国各大城市迅速传开,渐渐为大家所习用。这样,'同志'越来越缩小了使用范围,而'师傅、老师傅'却成为那个特定时代的产物且不断扩大它的使用范围。""师傅"这一称呼语源于特殊的历史背景,与特定历史时期相关,有浓厚的时代特征。当这种时代背景已过,"师傅"便逐渐淡出历史舞台,回归其本来的语义范围。

四、"师傅"的回顾与展望

"师傅"的语义变迁经历了从老师的通称(包括各行业传道授业的人),到广泛的社会主义劳动者,再到体力劳动者,这一变化表明曾经在全国各行业风靡多年的"师傅",出现了语义变窄、回归的现象。在此过程中,"师傅"渐渐地开始指称有一技之长或者与体力劳动相关的职业、男性角色、年长群体、社会中下层人士和陌生的人际关系。

"师傅"曾作为工人阶级的代名词被广泛使用。由于市场经济的蓬勃发展，社会分工细化，它进入了语义降格的阶段。尽管"师傅"作为社会通称最终经受住了时代的考验，仍然活跃在中国人的日常生活中，但伴随着对外开放的进一步深入、社会阶层的细化和职业类型增多，"师傅"在今天难以顾及全面，已经越来越无法满足时代的需求。

汉语通称缺位的现象可能在很长一段时间内会一直存在。当今中国社会，人人重视个性发展，希望用不同的称呼语标榜自己的身份，自然对称呼语的选择也是五花八门。社会的多元化发展下，再想形成像建国初期统一的价值观更是难上加难。"师傅"是否能够在时代的浪潮中再一次"脱颖而出"，引发新一波的称呼潮流，也未可知。

第六章　岂能全民为师
——"老师"的语义再泛化

近几十年来,"老师"这一称呼已经从教师的专称逐步泛化为一个社会通称,在中国越来越多的行业和地区使用。它的语义演变经历了一个缓慢而渐进的过程,让我们先来寻根溯源。

一、探寻"老师"的语义变迁史

"老师"二字连用的方式最早可以追溯到先秦时期,彼时主要用其指代军队。我们通过北京大学中国语言学研究中心古代汉语语料库搜索"老师"词条发现,在语料库的可搜索范围内的最早阶段——春秋时期,只检得一例"老师"二字连用的案例,出现在《春秋左传》中,"老师费财,亦无益也"。《左传译注(上)》中对此句的译文如下:"军队长久对耗,多费钱财,也没有什么益处"（李梦生，2004）。可见，这里把"老师"直译为了"军队"，且注释"老"："师久为老。"这正与《古汉语字典》（2009）中对"老"字的第八项释义相契合，"老：历时长久的"。

先秦时期的作品中大多使用单字"师"，它有军队和老师两个含义。

（1）军队之义。例如：

原文：己巳，晋师陈于莘北，胥臣以下军之佐当陈、蔡。（左丘明等著.《左传·吕氏春秋·战国策》2006：37）

译文：四月初四，晋军在莘北摆好阵势，下军副将胥臣领兵抵抗陈、蔡两国军队。

（2）老师之义。例如：

原文：学者师达而有材，吾未知其不为圣人。（左丘明等著.《左传·吕氏春秋·战国策》2006：122）

译文：学生的老师博学而有才华，我不信学生就成不了圣贤的人。

秦汉时期，"老师"二字连用的方式逐渐多了起来。例如，司马迁《史记·荀卿传》："田骈之属皆已死，齐襄王时而荀卿最为老师。"《史记笺证》中这样注解："最为老师：谓在齐国稷下学者中年纪最长，学问最大"。可见，此时的"老师"已开始指称教育工作者了。

唐代尊崇佛教，"老师"最初被用作表示对僧侣的尊称。许多佛经禅录中也记载了"老师"的使用情况。禅宗史书《五灯会元》有云，上堂："王老师卖身去也,还有人买么?"一僧出曰:"某贾买"。唐代普愿禅师,俗姓王,故又称"王老师"。"老师"取其修行年久日深之意,和今义稍有差异(张文江,2012)。可见,当时僧人在日常生活中已开始使用"姓+老师"的模式互称。

后来,"老师"的语用范围逐渐扩大,不限于僧侣之间的称呼,许多文人开始将其用于文学作品中。宋八大家之首韩愈的《韩昌黎集·施先生墓铭》中有文:"故自贤士大夫、老师、宿儒、新进小生,闻先生死,哭泣相吊。"《古今词义辨析词典》中视此"老师"为名偏结构,意为名师,指资历深而受尊敬的学者。

五代时期,"老师"的语义有所扩展,如欧阳修《新五代史·杂传十七·崔棁》(1999):"其乐工舞郎,多教坊伶人、百工商贾、州县避役之人,又无老师良工教习。"《新五代史选译》中这样翻译:那些乐工和舞郎,多是教坊的乐工、手工业者及商贩、州县逃避服役的人,又没有老师和良好的乐工教习。可见,此处译者直接将原文中的"老师"译成了老师,指技艺高超的教习乐工的人。

在明清时期,"老师"也是"生员和举子对主试的座主和学官的称呼",如王世贞《觚不觚录》有载:"至分宜当国,而谀者称老翁,其厚之甚者称夫子。此后门生称座主俱曰老师。"至明清,举人、进士也称其本科主考官或总裁官为座主,或称师座。由此可见,座主相当于科举考试时期的考官,并不负责教授生员或举子技艺或知识,但仍然被称呼为"老师"。

中华人民共和国成立以后,"老师"率先作为对教师的尊称在中小学使用。20世纪50年代中期,"老师"代替"先生"在大学中日渐流行起来。改革开放以来，随着经济和教育事业的发展，教师的社会地位有所提高，老师又成了受人尊敬的称呼语。

"老师"能走到今天，是因为受到了每一历史时期不同的经济、政治等各种社会因素的滋养。它从春秋时期作为一个还没有形成固定称谓的词源开始，历经了各朝各代的风云变幻后，其语义变迁史映照出一个汉字文化发展史。

二、"老师"的使用现状

近些年，"老师"的语义进一步泛化，广泛用在娱乐影视行业、理发行业、出版界、医疗界、学校领域和不同方言中。

（一）娱乐界/影视行业

目前，除了教育界，娱乐界算是一个非常热衷于使用"老师"这一称呼语的领域。娱乐明星被称呼为"某某老师"的声音不绝于耳。何炅曾是北京外国语大学阿拉伯语专业的老师，在踏入主持界以后，被人尊称为"何老师"。像何老师这样有过从教背景，且一直活跃在娱乐界的老师，还有不少，他们自身的专业能力过硬，资历较深。"陈道明老师、唐国强老师"等虽然没有专门从事过教师这个行业，但是作为影视行业的老艺术家，具有多年的从业经验，在拍戏过程中或在综艺节目中，言传身教过很多年轻演员，被称为"老师"自然当之无愧。

然而，一些刚入行的年轻演员也被很多人称呼为"老师"，这些人可能是出于对年轻演员的尊敬，也可能是存在跟风心理。但是，一部分年轻演员既没有从教经历，在专业领域也没有多少建树，此时被称呼为"老师"就很不恰当了。

（二）美容美发界

目前，理发行业很时兴"老师"的叫法。当你走进理发店，经常会被问到："您找哪位老师剪头发？"几乎每个理发店都有几位拥有高大上名字的理发师。"托尼老师、凯文老师、艾伦老师"被网友戏称为理发行业三巨头。2016年，《意林》曾刊登过一篇名为"立马蹦出一个"的文章，如下：

（例26）我去理发，老板问我："你是要托尼老师给你理，还是要威廉老师给你理？"顿时觉得这店高端、大气、上档次，我说："要托尼老师给理吧。"老板喊："托尼老师，有客人找你理发——托尼老师，有客人找你理发——"连喊数声没人答应，老板急了："二柱子，有客人找你理发！"立马蹦出来一个……[意林（原创版），2016：42]

2018年4月，一位网友把这篇文章发帖在网上，自此，"托尼老师"作为一个网络流行语走红于各大社区和论坛，是网络上流行的对理发师的称呼。直白点来说，这词就是用来吐槽那些集洗、剪、吹、烫、染才华于一身的理发师。

在我们的全国调查中,"老师"的"称呼有一技之长的人"语义已升为第二语义成分。理发师自然是有一技之长的人,且成为一名理发师是需要一定时间的。在理发行业内部,徒弟会称师傅为"老师",因为师傅会教徒弟一些理发技术。但是,若理发店员问顾客找哪位"老师"剪发,似乎也不太合适,因为毕竟顾客和理发师之间并不存在师徒关系。

(三)出版界

目前,在出版界,同事之间互称"老师"的现象也很普遍。王园(2017)曾对北京地区出版界"老师"的使用进行过社会调查。调查结果表明,在出版界的众多称呼中,老师类称呼语的使用频率显著高于其他类别。其中"姓+老师"是最常使用的称呼模式。除了上述的实证调查,在如今的这个网络时代,出版界的"老师"在网上也是频频现身:

(例27)网站:今天一早书店里就迎来了在儿童出版界的几位大家和老师们。(新浪网,2019-04-03)

(例28)微信:记得两年前,在北京舞蹈学院举行的一次舞评学术研讨会上,我第一次见到了传说中的"中国舞蹈图书出版界第一编辑"——黄惠民老师。(上海音乐出版社微信公众号,2016-10-06)

(例29)微博:资深责任编辑卢老师,行走的百科全书,出版界的

第六章　岂能全民为师——"老师"的语义再泛化

时尚 icon（今天直播没法秀出考究的一身行头，现在分享给大家）。（中信出版集团股份有限公司大V认证微博，中信出版·见识城邦，2019-10-29）

在出版界，知识分子较多，受教育水平普遍较高，甚至不乏有些出版界大咖们不仅本职工作做得出色，同时也在教书育人，具有双重身份的他们因此在业界被尊称为"老师"。人民出版社校对员吴海平原本初中还没有读完，但经过了四十多年的苦练技艺之后，如今被誉为出版界的校对王。现在，曾不善言辞、打怵当众发言的吴海平定期会给出版社的年轻人讲课。因此，在出版界内部，人们都尊称其为"吴老师"。

（例30）人民出版社编辑朱云河说："吴老师难得的是，不管计酬制度怎么样，他干的都是良心活。"（新华每日电讯，2017-04-14）

因此，"老师"的语义泛化范围已经扩展到了出版界，并且呈现出一种普遍流行的趋势。

（四）医疗界

目前，"老师"在医疗界也很盛行，在医生、护士和病人之间频繁使用。医生之间通常会以"姓+职称"或"姓+大夫"互称，如"王主任、张大夫"。但是，近年来，医生和医生之间互称为"老师"的现象也在逐渐兴起。

医生和医生之间:

(例31)在我们医院,把几乎平辈的人喊师兄师姐,把长辈喊老师,这是本院职工的默契。然而有一个长得比较着急的师兄,所有人见他第一面都会喊老师,他依旧很执念地把称呼改过来:"你喊我师兄!我没那么老!"(丁香园,2019-10-29)

护士和护士之间:

(例32)在医院被小护士拍了五分钟手臂。"吴老师,这里有个找不到静脉的病人。"然后换了个中年护士来给我扎针。(微博,2019-10-29)

在对话中,我们可以看出,小护士称中年护士为"老师"。护士之间有师傅带徒弟的传统,中年护士具有多年的护理经验,在技术上可以传授给小护士一些护理知识和技能。2018年10月,笔者在呼和浩特市第一医院访谈一名年轻女护士时,她说:"叫'老师'也不能白叫了,人家会好好带你的。"

医生和护士之间:

(例33)(楼主为外科医生)大多数实习护士都是战战兢兢,从不说话,偶尔进来敲门也是怯生生的:"老师,我来找个东西……"(知乎,2019-06-27)

第六章 岂能全民为师——"老师"的语义再泛化

在医院里,有些实习护士常会称呼医生为"老师"。因为实习护士本身对新到的科室不熟悉,为避免唐突,也为表达尊敬,就有了称呼医生为"老师"的传统。

病人和医护人员之间:

目前来看,在医院里,虽然"某医生"或"某护士"这样的旧称依然存在,但"老师"已在病人和医护人员之间悄然流行起来。

有位网友在网上向医生咨询问题:

(例34) @鲍秀兰诊室鲍老师,宝宝现在2个半月,混合喂养,以母乳为主……我担心这样下去会营养不良,请鲍老师指点。谢谢。(微博,2019-11-02)

一位在医院进修的护士在记录病房工作情况时这样写道:

(例35) 协和的护士称呼病人都是"老先生,老爷子",那天我和老师上连班,一声"亲爱的"映入我的耳朵,我在怀疑这是叫我吗?"司老师,是我叫您呢"。(北京协和医院进修心得——急诊科,2012-05-21)

一些病人或家属为了处理好和医护人员的关系,并且想要表达对医护人员足够的尊重,就选择了包打天下的"老师"称呼,似乎比"某医生"或"某护士"更显亲昵一点。

（五）学校

人们称呼学校行政人员为"老师"的现象已由来已久。陈建民（1990）指出，近年来，中小学和幼儿园教师彼此称"老师"，研究机关里的大学毕业生也管年纪大的业务人员叫"老师"，这是得体的。文学作品中曾有这样反映时代生活的桥段，如小说《人啊，人！》里面的人物何荆夫是在大学工作的资料员，未曾从事过教师行业，但也被称呼为"老师"，如"何老师，我觉得还是这样好。亦条条来去无牵挂，要个家庭有什么意思呢？"

目前，"老师"被用于非教师行业的学校行政、后勤工作人员身上的现象越来越普遍。比如，在北京某高校，一位大学生和一位宿舍管理人员的闲聊对话：

（例 36）

大学生：老师，我来拿一下水卡。

宿舍管理员：你知道吗？每次学生叫我老师的时候，我心里就特高兴。以前我是本来打算辞职要走的，后来就是因为好多学生挽留我，我也舍不得学生们，就留下了。

这位宿管员与学生之间本不存在任何师生关系，但是当宿舍管理人员被人称为"老师"时，依然很高兴，觉得自己受到了学生的尊重。

学校里面尊师重道的氛围比较浓厚，那么，同在学校工作的非教师人士也深受此氛围影响。学生出于对学校非教师人士的尊敬，但又苦于找不到更合适的称呼，此时"老师"似乎成为最佳选项了。

（六）方言区域

在中国某些地区的方言中，"老师"已经被用作一个社会通称，下面以山东省、河南省和重庆市等地为例。

1. 山东省

曾就读于山东某大学的外地大学生这样说：

（例37）我在山东上的大学，那边最普通的称呼就是"老师"，问路这样叫，有事请教也这样叫，买东西这样叫，乘车也这样叫，就是对别人的一个尊称。（知乎，2018-08-13）

在山东省，"老师"语义泛化程度最高的地区当数济南市了。高晓岑、崔山佳（2016）曾在济南市六个主城区对常住居民进行过相关调查，结果发现，"老师"是目前济南市民使用得最广泛的称呼语，且不受性别、学历和职业身份的限制，几乎所有人都可以被称为"老师"。但被用作社会通称时，"老师"的发音会发生变异，变成了"老师儿"，即在后边加了一个儿化音。称呼教师时的发音才是"老师"。

（例38）山东省民俗学会名誉会长李万鹏说，"老师儿"是济南一种独特的民俗文化，从中华人民共和国成立初期开始，伴随着工商业的发展，原有的一些称呼如"小姐"等，有些不符合社会环境了。

此时"老师儿"作为一种对人的尊称,在众多称呼中脱颖而出,从特殊行业里对比自己有经验的人的尊称,逐渐演变成一个通用的称呼语,很快在济南的市民阶层中流传开来。(中新网,2016-03-15)

"老师(儿)"能在山东成为一个泛尊称,与其深厚的文化底蕴相关联。作为具有统一文化圈的齐鲁大地,其方言深受儒家文化影响。

2. 河南省

在河南省部分地区,也有使用"老师儿"的情况,只是不同地区的发音会有所差异,有些地方会读成"捞师儿"。

比如,在郑州市:

(例39)想起我的英语老师,河南信阳人,初到郑州,出了火车站坐出租,司机师傅喊了声"捞师儿～去哪勒?"(知乎,2016-02-08)

在漯河市:

(例40)漯河火车站一出站,一堆黑色司机上来就喊:"捞师儿,去哪儿哩?"(知乎,2017-01-25)

此类用法和上述济南方言中"老师儿"的使用情况相似。河南地区也习惯在"老师"后面加上儿化音,而且不同地区发音时会在"老师"音调的基础上存在不同的音变。

3. 重庆市

《重庆晨报》网站刊登过一篇文章：为啥重庆人爱叫"老师"？方言称呼大有讲究。这篇文章简要说明了重庆人喜欢用"老师"称呼别人的现象和原因。文章提到：

（例41）重庆人称呼人最多是用的是"老师"这个词，不论男女都这么称呼，外地人初一听，以为这真是一名老师，其实他可能是个"棒棒"。（重庆晨报，2019-03-28）

文章指出，重庆人喜欢用"老师"称呼别人的原因有很多，如社会交往的需要，以及服务员大姐们的称呼习惯结合了"椒盐普通话"的发音。最重要的是，重庆作为辐射整个西南地区的重要工业城市，必然吸引很多诸如工人、教育者、文艺工作者等外地人员前来，这就造成了人员的复杂性。因此，市民在日常生活交流中，即使是陌生人之间，也会认为对方的学识比较渊博。"老师"的兴起应该跟这种市民结构和群体心态有一定的关系，这也很符合中国传统文化的"谦卑级差原则"。

不过，重庆人也不是对所有陌生人都称呼为"老师"，有时也称呼为"师傅"。两者的用法区别在于，"老师"比"师傅"更有文化，适用人士的社会地位更高。

（例42）我是老重庆了，他们叫你老师，不是年纪老，也不是当你是教师，是对你的尊敬，相当于很多地方叫师傅，但老师比师傅更有尊敬的意思。在重庆，通常一个人看起来较有文化素养，比较文静，才称为老师。如看你就像出力的，就会叫你师傅。（百度知道，2013-12-12）

除了以上省份和城市，中国其他地区也有把"老师"用作社会通称的情况。笔者2019年7月在贵州省贵阳市调研时发现，"老师"在那里也已被用作社会通称了。某电视台记者在街头招呼笔者道："老师，可以接受一个参访不？"按照下面的访谈来看，江苏省也不例外：

（例43）[受访者：男，孙同学，22岁，北京某高校阿拉伯语专业大四学生。]

采访者：你对老师这个称呼语，有什么感受呢？

孙同学：嗯……我觉得老师不仅是在学校里授课的老师，更是在社会上给予我们帮助和指导的每一行的前辈。

采访者：嗯，那你在生活中有具体的用老师的经历吗？

孙同学：就是在我去年，刚进到一个实习单位的时候，我对当时带我的师傅，教我签证方面的，以及沙特文化情况方面的，当时我就喊他老师。因为觉得叫哥，有点随意。

采访者：所以你觉得对于长辈或是有经验的人，喊老师比较安全，比较得体是吗？

第六章 岂能全民为师——"老师"的语义再泛化

孙同学：对，对，对。

采访者：那你怎么看待师傅这个称呼语呢？

孙同学：其实跟老师差不多的。师傅，就我个人的理解，可能偏向技能型的，以前比较常用。像我们江苏那边，用老师比较多。

可见，"老师"作为一个社会通称的用法，当前已在全国全面扩散，而且未有减弱之势。

黄南松（1988）曾在北京做过一次非教师称"老师"的社会调查，当时的结论之一是，除教育界外，目前，文艺界、新闻界、广播电视界均不同程度地存在"老师"这一称谓。

如今，在行业的分布上，"老师"已经泛化到了娱乐界、美容美发界、医疗界、出版界等更多行业；在地理分布上，"老师"在中国越来越多的省市地区被用作一个社会通称。

虽然"老师"的使用范围还在扩大，但这并不意味着所有人都看好"老师"的流行现状，仍然有一部分人不愿意使用"老师"这个称谓。比如，教师群体对于"老师"的使用就会非常慎重。教师群体很少称呼非教师人群为"老师"，这大概是出于对自身职业的认同感和自豪感（高晓岑、崔山佳，2016）。"老师"称呼的语义泛化不免会导致它持续贬值，这也会干扰到整个社会对教师职业的评价和认识，因而会影响教师的职业地位。

三、"全民为师"的原因

"老师"能够从当今多个社会通称中脱颖而出,成功跨界流行于多种行业和领域,并呈现出继续扩散的趋势,其背后必然有深层原因。

(一)社会通称缺环

在众多交际场合,尤其是陌生人之间初次见面时,在不知道听话人身份、职业等背景的前提下,在无称可呼的情况下,说话人遵循交际的礼貌原则,选择使用"老师",这样既显得尊重,又能拉近说话人与听话人之间的距离。此外,当前社会发展迅速,有些行业和领域还没来得及产生合适的称谓语,这时候"老师"也能及时补位。

(二)儒家文化影响

中国是礼仪之邦,我国的传统文化受儒家文化影响较深。儒家"五常"讲究"仁义礼智信",经常用"儒雅"来形容老师的形象,说明老师的气质非常贴近儒家文化。

儒家思想秉承"三人行,必有我师焉"。在儒家文化中,"老师"的语义范围几乎可以泛化到每个人,只要这个人有值得学习的地方,就可以视其为老师。

（三）崇高的教师地位

我国一直有尊师重教的传统。《荀子·大略》中说："国将兴，必贵师而重傅，则法度存。"1985 年 1 月，我国全国人大常委会确定每年的 9 月 10 日为教师节。现在，教师节已经成为我国的重要节日之一。现今教师在整个社会中的地位较高，他们是灵魂的工程师。用来称呼教师职业的"老师"也自带高尚的标签。许多非教师行业从业者乐意借用"老师"这一称呼，以期自己像教师一样获得崇高的社会地位和他人的爱戴。

（四）语用原则

"老师"能够轻而易举地解决称呼困境这一难题。"老师"不仅是对现实人际关系的顺应，而且包含了明显的说话人主体性，表达了足够的礼貌。这也是为什么如今很多人会优先选择称呼"李老师、张老师"，而不是"李演员、张作家"了。

（五）从众心理

在这个信息爆炸的时代，语言的传播速度是如此之快。一旦某一称呼语流行于某一人群、地区或平台，它的受众很快就会将其应用于各种社交场合和媒介。如此一来，流行语的使用者就会认为自己熟悉所属言语社区的语用规则，跟上了社会的发展潮流，没有落伍。

四、"老师"的使用建议

纵观"老师"语义演变的历史,我们有必要提出一些建议,引导"老师"称呼语朝着规范、健康的方向发展。

(一)名副其实

一提到老师,我们就会自然地联想到尊敬、儒雅、知识渊博、德才兼备的意义等。对非教育行业人士使用"老师"这一称呼语时,尤其应当注意被称呼者是否名副其实。只有各行业都打起精神,不滥用这样一个历经沧桑的文明瑰宝符号,"老师"才能历久弥新。否则,始于尊贵、终于平凡的宿命将很快发生在它的身上,最终影响一个好端端的泛尊称。

(二)正本清源

"老师"的语义再泛化会导致人们渐渐忽略,甚至遗忘这一称谓词的"传道授业之人"本义,致其语义贬值。大众在使用"老师"这个称呼语时应该有意识地尽量避免滥用,否则会让目前真正从事教师行业的"老师"掉价。

语言往往带有时代色彩。"全民为师"的现象可能是中国当前社会发展阶段的必然产物。既然是受到社会走向的影响,"老师"的语义泛化现象就不会在短期内消失,广大语言工作者需要在顺应时代发展的基础上,关注"老师"的语义泛化现象,尝试引导其健康发展。

第七章 请不要让"小姐"称呼语渐行渐远
——"小姐"的"前世与今生"

从古至今,无数文学作品中"小姐"一词频频登上历史的舞台,诉说着岁月的沧桑变化。它也是当今中国最有社会争议的泛尊称之一,让我们先一起来看看这位穿越千年的"小姐"到底历经了怎样的繁华与磨难。

一、"小姐"一词的语义演变

"小姐"的语义渊源可追溯到宋代,最初"小姐"出身平寒,在宋代时一般是对身份卑微女子的贱称,如婢女和歌女。据清代史家赵翼在其《陔余丛考》卷三十八中指出,"今南方缙绅家女多称小姐,在宋时则闺阁女称小娘子,而小姐乃贱者之称耳"。宋代钱惟演在《玉堂逢辰录》中写道"有掌茶酒宫人韩小姐",此句中的"韩小姐"指的是侍奉酒水的宫女;在南宋洪迈撰的《夷坚志》又记载:"傅九者,好使游,常与散乐林小姐绸缪。"此时,"林小姐"是个歌女。

然而从元代开始,"小姐"翻身一变,专指富贵人家的女儿。正如元代王实甫的《西厢记》第一本第一折中写到"只生得个小姐,小字莺莺",此间的"小姐"就是宰相的女儿崔莺莺。明清时期,"小姐"继续延续"身份高贵的女子"这一语义。明朝出现"窗前三寸弓鞋露,知是腰腰小姐来"的诗句后,"小姐"作为深闺女子的称呼逐渐流传开来。清代《红楼梦》中第二回:"这政老爹的夫人王氏,头胎生的公子,名唤贾珠……第二胎生了一位小姐。"红楼梦中的贾府,可谓是大户人家,这位小姐就是后来嫁进皇宫的贾元春。此时,"小姐"是专称大户人家的女儿,与它相对的称谓是"公子",用于称富家子弟。

从民国到中华人民共和国成立前,"小姐"变成了一个泛尊称,是对青年女子的礼貌称呼。然而中华人民共和国成立后,"小姐"带有的资本主义色彩与中国社会主义道路背道而驰。与此同时,"同志"开始风靡大江南北,因此"小姐"开始逐渐被人们弃用,最后被迫隐退。随后由于改革开放,这一面称再一次抬起头来,作为对青年女子的尊称慢慢地出现在各种社交场合。很多上了年龄的人在 20 世纪有过这样的经历,到南方城市的商场买东西,叫年轻的女售货员"同志"会遭到白眼,售货员的眼神会充满鄙夷你这个"土老帽儿",但要是称呼人家为"小姐",对方就会马上笑脸相迎。

可是好景不长,20 世纪 90 年代中后期至今,因为一些小姐服务出了格,"小姐"称呼语的语义中出现了指称从事色情活动女性的贬义,不过此语义仅

第七章　请不要让"小姐"称呼语渐行渐远——"小姐"的"前世与今生"

用于背称，面称中的"小姐"仍然是一个泛尊称，指称年轻的女性。此时，"小姐"的褒贬语义共存。

几千年以来，"小姐"称呼语的命运真可谓一波三折。"小姐"一词究其字面含义，"小"既有"低微，卑微"之义，又有"娇小可爱"之义，而"姐"同样既可以表示贬义，又可以指"受人敬重的青年女子"（徐时仪，1994：43）。不同的时期，人们取用"小姐"二字中不同的义项，也给这个称呼语赋予了不同的意义，相应地决定了它的高低贵贱。

二、"小姐"的使用现状

现如今，"小姐"主要用在年轻女性身上，尤其是尚未结婚的年轻女子。在实际使用中，它并不总是以单一的形式出现。因用在不同的情景中和不同的对象身上，它自然衍生出了一些变体，其表达结构大致可以分为以下六类。

（1）零词缀＋小姐。用于称呼陌生的女性，口语中使用较多，如街头、商场问路或寻求帮助，如"小姐，请问东风北桥地铁站怎么走？"

（2）姓氏＋小姐。书面语和口语中都十分常见，适合称呼对基本情况有了解的女性，如"参与走秀的王小姐……"或"张小姐，您什么时候方便来面试？"

（3）姓名＋小姐。此种结构是一种非常具体的称呼，这种用法在对女性名人的新闻报道中十分常见，也用在其他正式场合。例如，在颁奖典礼上，主持人直呼女性嘉宾名字似乎不太礼貌，若称呼为"刘小姐"，则指代不明，"姓名＋小姐"的结构比较合适，如"刘亦菲小姐"。

（4）职业＋小姐。一般是以女性为主的职业的称谓，如"前台小姐、空中小姐、护士小姐、售票员小姐、售楼小姐、话务员小姐"等。

（5）地点＋小姐。选美赛事的名称多用此种结构，如"世界小姐、环球小姐、香港小姐"等，此时只是一种头衔称谓，一般不用于面称。

（6）其他类＋小姐。这种结构有两类：第一类是指从事色情活动的女性，如"三陪小姐、坐台小姐、歌厅小姐"。第二就是"非人称名词＋小姐"，一般书面语出现较多，如"兔子小姐、狐仙小姐、泡芙小姐、C小姐"等。

称呼语选用是一个复杂的心理过程，涉及的因素较多，我们在探讨中无法一一列出，因此选择了几个比较普遍的影响因素来讨论。一般而言，影响"小姐"称呼语选用的主要因素有交际对象、交际场合及地域。

（一）交际对象

交际对象是交际中不可或缺的组成因素，我们侧重考虑了影响说话人选用"小姐"的三个因素：交际双方的亲疏程度、被称呼女性的社会阶层及被称呼女性的年龄。

1. 亲疏程度

人们的亲疏程度不同，称呼语的使用也会随之发生变化。关系越亲密，称呼也越随意；关系越疏远，称呼也就更加正式和有距离感。总体来看，单独使用社交头衔标记着最远的社交距离，接下来依次是"姓氏＋头衔、姓名＋头衔、名＋头衔"等，对应的人际关系随之拉近。

第七章 请不要让"小姐"称呼语渐行渐远——"小姐"的"前世与今生"

下面的例子是发生在一辆公交车上的对话：

（例44）那天我坐公交，车上人很多，一漂亮的姑娘站在车子的后门口。一年长者下车，很有礼貌地说了一声："小姐，请让一让。"谁想那姑娘竟板着铁一样的面孔柳眉倒挂，双手叉腰，大声质问起来："叫我什么？叫我小姐？"那长者像犯了错的孩子一样怯生生地对她说："我这不是尊敬你吗？"那姑娘仍拉长着脸严厉地对他说："有这么叫的吗？现在的小姐是什么你不知道吗？"（西祠胡同，2015-03-20）

此时长者和漂亮姑娘互不相识，关系属于完全陌生类型，长者便选择"零词缀＋小姐"的结构，显示对漂亮姑娘的尊重，以赢得对方好感，不料这位姑娘心目中的"小姐"已然是个贬义词了。这便是由于"小姐"具有褒贬双重含义而造成的使用混乱，说话人与被称呼者对"小姐"的认知存在一定的差异，称呼者视它为尊称，而被称呼者认为它指称从事色情活动的女性。不难看出，"零词缀＋小姐"称呼陌生女性时，容易在交际过程中产生误解。因此，很多人会采取规避风险的做法。下面是两则访谈实例：

（例45）[2017-08-06，受访者：男，40岁左右，地点：辽宁沈阳。]
采访者：您怎么评价小姐这个称呼？
受访者：正常情况下，我觉得用小姐这个称呼挺好的，但是容易和别的不好的意思混在一起，所以小姐这个称呼最好别用，用了容易引起别人误会。

（例 46）[2017-08-06，受访者：男，30 岁左右，地点：辽宁沈阳。]

采访者：小姐这个称呼语，请问您使用过吗？

受访者：几乎不用。

采访者：为什么呢？

受访者：对我来说，我尽量回避使用这个称呼语。

采访者：您是觉得对人不够尊重，还是？

受访者：不是，怕别人想得多。

若采用"姓氏/姓名/名＋小姐"的结构来称呼女性，一般无歧义，是对某位特定女性的尊称。在我们的实际访谈中，许多年轻女性表示，"姓氏＋小姐"的用法比较容易让人接受。在各种交际中，这种用法也比较普遍。

以下是人民网的一则报道：

（例 47）18 日，南京的王小姐报警称，在和男友碰面的路上手机被抢。民警赶来询问，对方却说不清楚被抢的地点……（人民网微博，2019-09-24）

报道使用"王小姐"来指称事件女性，第一保护该女性的隐私，避免曝光其姓名；第二是对该女性的礼貌称呼，体现出"小姐"作为一个女性泛尊称的重要功能。当交际双方为泛泛之交时，可以使用"姓氏/姓名/名＋小姐"的结构，这种用法不仅礼貌，还与女性保持了适当的距离。

总之，交际双方为完全陌生关系时，由于"零词缀＋小姐"的结构容易引

第七章 请不要让"小姐"称呼语渐行渐远——"小姐"的"前世与今生"

起歧义，接受度不高，"小姐"的使用频率也就相对偏低。当交际双方有了一定了解之后，"小姐"的使用频率相对偏高，多以"姓氏/姓名/名+小姐"的方式出现。

2. 女性的社会阶层

"小姐"作为一个女性称呼语，它的使用度和接受度与女性自身对这个称呼语的认可度紧密关联。以下例子中的两位女性对"小姐"的态度形成了鲜明的对比：

（例48）我们人事经理，今年41岁还是42岁，爱健身，打扮时尚，确实比实际年纪看起来小至少5岁，她要我们一律喊刘小姐，极度厌恶任何同事喊她刘姐，喊刘阿姨的更没人有这个贼胆。（天涯，2015-01-26）

（例49）在广东学习工作久了，习惯了把公司前台文员称呼"姓氏+小姐"。而前前后后公司前台文员换了N任，不管是老同事还是新来乍到者，我都以某小姐称呼，也没有出现过什么问题，更没有人对此提出异议。

新到我们公司上班不足一个月的前台文员，今天上午，我让她帮忙拨打一个客户电话时称呼其为小姐，她就正式警告我以后不要叫她小姐，除此之外叫什么都行。（天涯论坛，2008-04-25）

第一位女性是人事经理,她要求同事称呼她为"刘小姐",讨厌拟亲属称呼语"刘姐",因前者更显年轻时尚,也表示双方关系有上下级的距离感。第二位女性是公司前台,对"小姐"称呼语却极度厌恶。一般来说,社会地位较高的女性更倾向认可"小姐"作为尊称。相反,社会地位相对较低的女性可能因为缺乏地位安全感,也缺乏语言安全感,她们对"小姐"称呼语的接受度和认可度也就相对较低。

社会阶层不仅关系到女性自身对"小姐"的认可程度,对于大众如何称呼女性也有不可小觑的影响。下面是《人民日报》对一位知名女性企业家的报道:

(例50)现在,伍淑清还随身携带着几本厚厚的老相册,里面那一张张泛黄的相片,记录的正是当年她跟随父亲在内地从无到有、创办"001号"合资企业的岁月,她也因此常被人亲切地称为"001小姐"。(《人民日报》海外版,2016-04-28)

本事例中的伍淑清是食品界的传奇女性,她创办了中国第一家合资企业——北京航空食品有限公司,获得中国001号合资企业许可证,成为中国改革开放进程中的标志性人物,人们出于对她的尊重与敬佩,亲切地称她为"001小姐"。

除此之外,还有一类非典型的关系,佣人对于主人的称呼,如下面事例中:

第七章 请不要让"小姐"称呼语渐行渐远——"小姐"的"前世与今生"

（例51）我高中学校有个很出名的学姐，听说她家司机放假来接她回家的时候就说："小姐，行李都好了。"好多人都听到过，她们家司机一直叫她小姐。（天涯，2009-02-25）

事例中，司机称呼高中女生为"小姐"。这时的"小姐"应该和古时称呼富贵人家的女儿类似，是财富和阶层的象征。虽然司机是长者，但因雇佣关系，司机选择了尊称"小姐"。

3. 女性年龄

"小姐"一般用于指称年轻未婚女性，但是随着时代的发展和文化观念的变迁，人们对女性是否年轻的宽容度大大增加，即使年纪大了，但是只要看上去年轻，那么"小姐"依然适用。例如，在2018年某一活动报道中：

（例52）今年52岁的刘嘉玲小姐依然自信，最近参加一个活动，她的造型无可置疑成为了全场焦点。（凤凰网娱乐，2018-12-29）

格力电器官方微博发表的两条博文：

（例53）格力晶弘官方赞助……董小姐大力推荐的格力晶弘魔法冰箱现场助力。（新浪微博，2019-05-27）

（例54）如果有一台董小姐的魔法冰箱，里面装满什么才会让你有满满的幸福感呢？（新浪微博，2018-12-25）

刘嘉玲不仅年过五旬而且早已婚嫁，但是媒体依然尊称其为"刘嘉玲小姐"。而另一位董小姐更是年过六旬，她就是格力电器总裁董明珠，不仅网友们爱称她"董小姐"，而且格力官方微博也频频用"董小姐"作为广告宣传语。"董小姐"又是如何得来的呢？据网友评论，其一因为董明珠代言自己的品牌，如同网红一般，正巧与当时一首民谣《董小姐》对应上了；其二象征着董明珠像年轻人一样有冲劲干事业，所以称呼她为"董小姐"。

不难看出，"小姐"在年龄层面的指称范围在扩大，婚否这一特征也在淡化。称呼年纪稍大的女性为"小姐"时，实际上暗含了女性年轻漂亮、有活力，此时一般使用"名/姓名/姓氏+小姐"的结构。

（二）交际场合

交际活动总是在一定情景中进行的，没有了情景，便没有交际。不论是喧闹的酒吧、严肃的商务会议，还是休闲的商场，年轻女性的身影总是其中不可或缺的一抹靓影。

为了解交际场合对"小姐"称呼语使用的影响，参照樊小玲等（2004）的做法，先将交际场合划分为以下三种情形：娱乐场合、事务性场合和一般社会交际场合。娱乐场合指"酒吧、歌厅等公共娱乐场合"；事务性场合指"商务会议、工作场所或政府机关公司等办理公共事务的场合"；一般社会交际场合指"路途、商店等一般社会交际场合"。那么，"小姐"在不同的场合中的使用情况又是如何呢？

第七章 请不要让"小姐"称呼语渐行渐远——"小姐"的"前世与今生"

娱乐场合的灯红酒绿,难免让人联想起"小姐"的贬义成分。一名网友在天涯论坛对比了上海和东莞:

(**例 55**)刚从上海来东莞的时候,习惯叫别人"小姐",感觉是种尊重,结果去娱乐城玩,好友特意嘱咐,千万不能叫女孩子"小姐",否则可能惹麻烦。(天涯论坛,2008-04-25)

然而,在事务场合中,人们会偏向于用"姓氏+小姐/姓名/名字+小姐"的结构来称呼女性。例如,在 2019 年的一部文学作品《冬将军来的夏天》中,一段法庭上的对话描写:

(**例 56**)辩护律师有两位,先上场的是小胡子律师……
"黄莉桦小姐有喝吗?"
"不少。"
"黄莉桦小姐喝了多少,想得起来吗?"(甘耀明《冬将军来的夏天》)

在上述盘问中,律师选择用"黄莉桦小姐"来指称被告女性,"小姐"这一正式的称呼语不仅符合法庭审讯这一场景,也能彰显出对女性的尊重。

在一般交际场合中,如在街上问路或在商场购物,多以"零词缀+小姐"的结构出现。在此类场合,"小姐"称呼语存在较大社会争议,"三陪小姐、舞小姐、坐台小姐"等形式的出现冲击了"小姐"的传统意义,"褒义位或贬义位由于'语义溢出'而使相邻的中性义位带上褒贬陪义"(张志毅、张庆云,

2012）。"三陪、舞、坐台"本身带有的贬义色彩溢出到泛尊称"小姐"上。在我们的实地调研中，贵阳市的一位市民表达了如下观点：

（例57）[2019-07-30，受访者：女，35岁，贵阳市民。]
采访者：您身边的人使用"小姐"这个称呼语多吗？
受访者：我觉得"小姐"这个词现在女孩子不是很爱听吧。我们这个年纪也听得比较少，比较敏感。但是比如说，张小姐，郝小姐，毛小姐或是在一些比较正式的场合可以这样称呼的，我觉得没有任何问题。如果就是在一些很随意的场合，或者是不加姓的那种小姐的话，听着有点别扭。

"小姐"在不同的交际场合中可供使用的结构不同，在一定程度上也造成了"小姐"的使用频率出现差异。娱乐场合和一般交际场合中，交际双方多为陌生关系，此时仅有"零词缀+小姐"可供使用，让人容易联想到色情行业，因此使用频率相对较低。而在事务性场合中，不仅有多种结构可供选择，如"姓氏/姓名/名字+小姐"，而且"小姐"也是一种无可争议的礼貌的正式尊称，因此使用频率更高。

（三）地域差异

称呼语的使用与地域、经济和人文息息相关，尤其是离不开经济的影响。中国在地域上以秦岭、淮河为界分为南方和北方，总体来看，"小姐"称呼语

第七章 请不要让"小姐"称呼语渐行渐远——"小姐"的"前世与今生"

在南方地区的使用频率高于北方。在一些类似的场合,拟亲属称呼语在北方比较盛行。正如下面一位网友的感受:

(例58)跟南方的供应商联系的时候称呼对方×先生,×小姐。跟北方供应商联系的时候忍不住想叫×大哥,×大姐。(新浪微博,2018-06-23)

究其原因:一是地区经济发展水平的影响不可小觑,它直接关系到人们的物质生活与精神世界。当大众物质生活得到满足后,便开始注重精神追求,开始注重语言的美感,而"小姐"称呼语就是优雅和礼貌的化身。城市经济发展水平越高,社会开放程度越大,社会越包容,人们对"小姐"称呼语的认可度也会越高。二是不同地区人们的性格有差异。在北方人眼中,使用"大姐、老妹、小妹"等拟亲属称呼语,有助于拉近与陌生人之间的距离,而"小姐"则让人倍感生疏。

三、"小姐"称呼语的重要性

上文中我们对"小姐"的使用现状进行了多维度的讨论,还需要对"小姐"的使用总体趋势有所了解。在第三章的全国调查中,"小姐"的使用频率远低于"偶尔",排在所有通称的倒数第二位,使用现状让人堪忧。这个称呼词在汉语称呼语系统中具有不可替代性,因此,我们有责任也有义务去挽救"小姐"这一称呼语,为其正名!

（一）缓解年轻女性通称的缺环

现今，女性称呼语层出不穷，"美女"已经不美了，许多女性认为它过于轻佻。"小姐姐"也不小了，其使用范围狭窄而有限。其他女性称呼语如"小妹"和"姑娘"，一般用于非正式场合年长者称呼晚辈，就如拟亲属称呼语一样，使用范围有限。"小姐"又比"大姐"年轻、活泼、有朝气，在年龄上比"女士"定位更准确。

"小姐"作为年轻女性的泛尊称，适用度高，在正式和非正式场合均可。此外，在年轻女性的通称中，"小姐"具有不可代替性，它可以填补年轻女性称呼的空缺，能给我们的交际带来诸多便利。继续使用"小姐"既符合语言经济性原则，也可解决年轻女性称呼语困境，一举两得，何乐而不为呢？

（二）接轨西方语言中的年轻女性称呼语

在当今的全球化时代，中国人如何在跨文化交际中恰当地称呼外国人士显得尤为重要。我们最为熟知的西方女性称呼语莫过于英语中的"Miss"，翻阅《朗文高阶英语辞典》，"Miss"一词被译为"小姐"。究其原因，"Miss"和"小姐"在语义方面有重合之处，均指称未出嫁的年轻女子和泛称陌生年轻女子。除此之外，其他诸多外语都有一个类似的面称词，如法语中的"Mademoiselle"和西班牙中的"Señorita"都是指称未婚女性，因此也译作"小姐"。

由此可见，"小姐"称呼语在国际交往中不可或缺。称呼年轻女性为"小姐"是一种国际惯例，不能因为它在某一时期暂时的歧义而丢弃这一称呼。

第七章 请不要让"小姐"称呼语渐行渐远——"小姐"的"前世与今生"

如果"小姐"的语义继续降格,不仅汉语称谓语系统遭受重大损失,而且也影响跨文化交际。

(三)在文学作品及影视剧中发挥着重要作用

如上分析,"小姐"称呼语遭到部分人群抵制的情况,一般发生在"小姐"单独使用时,主要以陌生人之间为主,而且主要是在非正式场合。但是在大部分现代文学作品和影视剧中,"小姐"面称依然是其传统意义,未受污染,"零词缀+小姐"在口语对话中的使用十分正常且频繁。

如文学作品《今夜宜有彩虹》中出租车司机对沈冰月的称呼:

(例59)沈冰月目送两人打打闹闹地渐行渐远,看到一辆出租车恰好驶近。"小姐,要送吗?"司机探出头来问道。"不用。"(陆烨华《今夜宜有彩虹》)

司机选用了"小姐"来称呼陌生女乘客,没有什么不妥之处。再如影视剧《欢乐颂》中樊胜美对曲筱绡的称呼:

(例60)曲筱绡若无其事地道:"樊姐,你今晚也在这儿吃饭啊……"樊胜美淡淡地问:"请问小姐……认识我?"(阿耐《欢乐颂》)

在文学作品和影视剧中,"小姐"是一个至关重要的女性称呼语,若"小姐"继续语义降格成一个禁忌语，无年轻女性通称可用，那么也会为文学创作和影视作品带来负面影响。

四、"小姐"称呼语的规划建议

在词语的意义演变中，会出现劣币驱逐良币的效应，即发生贬义驱逐褒义的语言现象。一个词正面的意义因为要躲避该词的负面意义，结果正面意义会渐落下风，甚至会被迫退出该词的语义领域。如今，"小姐"是褒贬共存的一个称呼语，如何为其正名？我们需要采取一些措施和行动。

（一）正面宣传

21世纪的今天，信息传播高效而渠道多样。比如，一首流行的民谣歌曲《董小姐》，不仅让歌手一举成名，也在社交圈掀起了一阵"某小姐"风潮。歌词中"董小姐"反复出现多达13次，描绘了一个有故事的女同学，所以网上出现许多人纷纷跟风，喜欢上别人称呼自己为"某小姐"，就像自己是这首歌的女主角一样。

我们可以采取类似的方式，拍摄有关"小姐"美好故事的主题小短片，吸引大众目光，让更多的人慢慢消除偏见。拍摄的相关公益小短片可以在地铁或公交车上播放；或呼吁在春节联欢晚会上表演相关主题的小品，逐渐改变大众对"小姐"称呼语的看法。

（二）媒体控制

媒体是一把双刃剑，既能给"小姐"抹黑，也能为"小姐"洗清冤屈。大众平常接触到"小姐"用作从事色情活动女性的指称语，很多来源于电视、报纸和网络。由于"一些报刊媒体在报道扫黄打非事件时讳言'三陪女''卖淫女'而以'小姐'代称，此外在'提供不正当服务的女性'的义项上形成一些固定搭配，如'三陪小姐''舞小姐''坐台小姐'等，更加巩固了它的这一义项"（李慧兴，2002：55）。例如，2018年9月15日，澎湃新闻一篇名为《义乌打掉卖淫团伙：多名女孩开男友送的豪车到高档酒店接客》的新闻报道中，除去摘要直接用卖淫女指称黄色产业女性，其余部分一律用"小姐"来指代。媒体的大肆渲染，让人们对"小姐"称呼语唯恐避之不及，何谈使用！

再如2011年春晚小品《午夜电话亭》中的对话：

（**例61**）李小冉：没电了，没电了。您不是有手机吗？

邵　峰：欠费了，欠费了。大姐。

李小冉：你叫谁大姐呢？我有那么老吗？

邵　峰：没有没有，我老，一看我就是你大哥，小姐。

李小冉：骂人是不是？谁是小姐了？谁是小姐了？

邵　峰：我什么时候骂你了？大妹子，大妹子行吧？大妹子，我是
　　　　个出租车司机，跑夜班的……

演员邵峰饰演的王小红对李小冉饰演的少妇的称呼从"大姐""小姐"到"大妹子"发生了多次改变,其中少妇对"小姐"称呼语尤其生气。

因此,呼吁广大媒体,谨慎处理"小姐"称呼语与某些色情词汇的搭配和共现,避免语义溢出,持续巩固"小姐"的褒扬义。

(三)线下宣传

只有线上线下双管齐下,才能让"小姐"称呼语成功重回大众视野。因此,除了润物细无声的读物宣传,还要开展号召力强的讲座活动。语言工作者可以多写相关通俗类文章,或者在城市小区或校园多开展相关公益讲座。通俗类读物可以说是不二的选择,不管是纸媒还是多媒,信息传播手段如此发达,一篇好文章的宣传效果也是无法估量的。正如罗黎丽写道:"大部分人因担心对方误会,在使用'小姐'称呼语时会犹豫不决或者索性避免使用。"(罗黎丽,2011)。因此,还可鼓励大家积极使用,慢慢形成一种良好的社会风气。

(四)技术层面

现今,由于"小姐"称呼语含有褒贬双重含义,所以有些人不敢使用"小姐",害怕引起歧义,引发尴尬。使用者可考虑语境和对方的职业,比如说在餐厅、酒吧等场所,当前"服务员"会比"小姐"更准确、得体。

但是如果我们知晓交际对方的姓氏或姓名,便可以使用复合结构"姓+小姐"或者"姓名+小姐",指称准确且无歧义,表示对某位具体女性的尊称。

第七章 请不要让"小姐"称呼语渐行渐远——"小姐"的"前世与今生"

此外,"姓+小姐"和"姓名+小姐"也有助于逐渐消除顾虑,增加人们使用"小姐"的频率。

2019年正月某日,笔者一家人到"付小姐在成都"(北京南锣鼓巷店)用餐。这是成都美食串串店连锁店,是一家不折不扣的超人气网红店,人气爆棚,营业到凌晨两点。店名"付小姐在成都"给顾客一种年轻时尚优雅感,给连锁店的生意加分不少。由此看来,只要用得恰当,"小姐"称呼语的前景一片光明!

第八章　如今遍地是"老板"
——汉语称呼的泛商业化

一、"老板"的语义演变

"老板"一词自古已有，历史上的书写形式为"老办、老班、老版、老闆"等。"老板"在《汉语大词典》（1997）的释义：①工商业的业主及其代理人。②旧时佃农对地主、雇工对雇主之称。③旧时对不相识者的敬称。④旧时对著名京剧演员或组织戏班的京剧演员的尊称。⑤旧时对丈夫的俗称。

我们通过爱如生基本古籍库检索，检出共约52本古籍有"老板"的用例。剔除掉重复，宋代出现2例有效词：《四部丛刊·后村集》中"家无春，而西北老板退卒，依君者不下数十人"；《册府元龟·帝王部》中"天下耆寿，各赐物五段，侍老板授太守县令，各赐物五段"。第一例中"老板"应为"老校"，意为年老或任职已久的下级军官；第二例中出现的"侍老板授"（此处"板"同"版"）为唐代一项优待老人的制度。明代有8例，只有2例是有效词：

第八章 如今遍地是"老板"——汉语称呼的泛商业化

《吴江水考增辑》中"须查本地有老板荒田或新荒田"及《十八国临潼斗宝》中"老板饶性命,还你夜明帘"。第一例中"老板"是田地的修饰词,意思大概为旧的、土壤板结的,第二例应为老校之义。

可见,清代之前并未出现现代意义的"老板"用法。清代和民国时期在古籍库中共约54个有效用例,多指代店主、船主,也有对他人的敬称用法,以及钱币称等。对于"老板"的身世和发展历程主要有以下五种说法。

第一,货币。"老板"为本钱币,始于五代十国。在清施鸿保(1985:98)的《闽杂记·卷六·老板》中详细记述了"铑钣"演变为"老板"的历程:"……按陶岳《泉货录》'闽王曦时,铸大铁钱亦以开元通宝为文,五百文为贯,俗谓之铑钣。'……董穀《碧里杂存》云'国初至弘治时,皆行好钱。正德时,京师交易者称钱为板儿,皆低恶之钱,以二折一,但取如数而不论好恶'……铑钣即今俗称之老板,本谓大钱……"在清葛元煦(2009:110)《沪游杂记·卷二·插息贴新贴现》中描述为"按日银洋插息涨落不一,常年使用老板,英洋本有贴新"。其中"英洋"为来自西方的银元,那么"老板"必是当时国内钱币的称呼。可见"老板"史也是一部"钱"史。

第二,原版印书。在此义中"老"为旧的、原来的。"板"通"版",为版本。此义最早出现于南宋时期,证自书坊招牌上的"老板印书"字样(兰殿君,2003)。可惜此说暂无其他证据可考。

第三,一店之主。如今学界大多公认"老板"即"老闆",在《康熙字典》(张玉书,1985)中"闆"释义:"夶匹限切,音盼。門中視也。""夶"为"并"。可证自1935年湖北修《麻城县志续编·卷一·方言》(郑重修/余晋芳,1975):"称店主人曰老闆"。此说认为"門中視"为店铺主人看管店里事务，观察门外往来客人之义。另有人从"闆"字拆解来看，门中有品，门中存放售卖商品，正是店铺义。另一说认为"板"借自蒙古语，土房子——闆生，而后引申为店铺义，店铺主人自然为老闆了（王艾录，2010）。总之，"老板"作为一店之主的用法还是较为普遍，自清朝许多文学作品中都出现过此类用法。如李宝嘉（2013：247）《文明小史·第四十二回》："单把书拿了去还不算，又把店里的老板或是管账的，也一把拖走。"当固定的店铺换为在水面摇曳的船只，再加上旧时的水运发达，船只繁忙，船主自然也叫的起老板。如《小五义·第一百零七回》（佚名，2000）中："老者问：'二位贵姓？'蒋爷说：'我姓蒋，这是盟弟，姓柳。船老板贵姓？'"另外旧时的地主也被称为"老板"，因为佃主和店主一样地位稍高，掌握资本或资源的缘故。所以无论是船老板，还是地主老板都是一脉相承的，为一店之主的引申用法。

第四，戏班之主。清末民初戏曲的发展达到鼎盛，对从事戏曲行业人员的称呼"老板"，也随之流传开来。清张焘（1986）《津门杂记·卷中·下处》记载："……主人曰'老板'；多半亦梨园子弟出身，积有余资、遂畜雏伶、自立堂门……"可见这一声"老板"不是一般人担当得起的，得坐到班主位置。如三庆班班主大老板程长庚。除了班主，京剧名角也会被时人称呼为"老板"，如花旦名角梅兰芳梅老板。这是因为在京剧班体制——名角挑班制中，班主通常是由戏班挑大梁的名角担任（李明洁，1997），所以称呼名角为"老板"也就不足为奇了。当然，对于"老板"和唱戏之人的渊源也有其他说法。黄今许（2002）认为"老板"起于唱曲的"拍板"，因为"拍板"对于掌控整场戏曲演出重要非凡，梨园班主又多为"腔纯板正"代表人，因而称之为"老板"。杨琳（2012）则认为梨园班主称为"老板"，是因为"板"通"班"，梨园便是一个"班"，称呼掌事者时，加上前缀"老"字表示尊敬，于是呼之为"老板"。

第五，企业之主。此义自近代以来最为常见，用于称呼那些实业之人为"老板"。如清末吉林首富牛子厚人称"牛老板"。但是，在中华人民共和国成立后的一段时期"老板"称呼被"同志"取而代之了。改革开放后，非公有制性质的经济组织出现，商品经济的浪潮席卷全国，越来越多的人下海经商，"老板"也开始重出江湖。

综上所述，"老板"在汉语中的起源非常早，其语义也经历了漫长的历史演变，其中有些释义已经不再保留，如对"善本书、钱币、戏班主"的称呼；有些还依旧活跃在人们的日常生活中，如对"店主、企业主"的称呼。虽然"老板"由物及人的确切时间难以确定，但有一点是可以肯定的，"老板"用作人的称呼兴起较晚。结合我们的检索结果，以及查阅清梁章钜的《称谓录》、龙潜庵的《宋元语言词典》都未曾发现"老板"指人的用法。纵观"老板"的发展史，从五代十国"大铁钱"，明朝劣质板钱，再到清末民国初的"戏班主"和"店主"，以及后来的"企业主"，可以从中窥见一丝线索，那就是金钱资产及其所衍生的管理权始终贯穿在其发展历史中。

二、"老板"的使用现状

一段时期，"老板"已泛化于商业、官场、军队、高校和娱乐圈等多个领域，同时在各个方言区也得到广泛使用。虽然这一称呼有愈演愈烈之势，但是各界对它的看法褒贬不一，争议很大。

（一）商业领域的"老板"

1. 对工商业主的称呼

现如今无论是大企业主还是个体户都可被称为"老板"。"老板"作为一种社会称谓，可以反映被呼人的商业地位，"老板"的表达结构可大致分为以下六类。

第一，零前缀+老板。用于泛称陌生的工商业者。

第二，姓氏+老板。当会话双方的身份都为老板时，仅呼一声"老板"实在难以辨别指称对象，此时就需要辅以姓氏加以区别，如"李老板"。

第三，人称代词+老板。我/你/他/我们/你们/他们+老板的表达最为常见，此处"老板"用作背称，即指称的老板不在现场，此称谓模式体现出说话人和被指称者之间的亲近关系，或者说话人希望借助后者的权势等，如"我们老板说了……"。

第四，大/小+老板。这一种用法只适用于非正式场合，在"老板"前面冠以"大/小"能够表达称呼人对被呼人地位的主观评价。根据中国人"叫大不叫小"的称呼习惯以及尊敬原则，"大老板"在日常交际中出现的频次远高于"小老板"。

第五，行业+老板。当老板所从事的行业极具特殊性，在称呼中自然而然会被放大。例如，"房老板、车老板、煤老板"。其中"煤老板"从对经营

第八章 如今遍地是"老板"——汉语称呼的泛商业化

煤矿业发家致富业主的称呼，泛化到对一夜暴富特殊群体的称呼，语义发生了降格，成了妥妥的贬义词。与"煤老板"相比，"矿老板"稍显"低调"。

第六，地域+老板。有资格"坐"在"老板"称呼前面的地域必是老板层出不穷之地，此时的"老板"上升到一个群体"老板"。例如，"潮汕老板、温州老板"。都说潮汕"盛产"大老板，来自温州的老板生意做得很厉害，在财富的指引下，以及人们具有将相同属性事物范畴化的认知习惯，地域+老板这一称谓组合便不足为奇了。当然，这一类称呼语的称呼对象有一定局限性，使用频率不算高。

2. 泛化为对顾客的称呼

在日常的商品交易中，常常会出现两相"老板"的情形。例如，在安徽某服装店交易快达成时顾客和老板之间的对话：

（例62）

老板："老板，这件衬衣，请问是付现还是支付宝微信转账？"

顾客："老板，再给点优惠呗！"

在对话中，顾客和老板都称对方为"老板"。"老板"似乎在这里丢掉了基本的身份定位功能。为什么会出现这种现象呢？一方面，顾客称呼店主为"老板"是由其身份所决定的，而店主称呼顾客为"老板"，是让其感到心理上的满足和优越，以促成买卖完成。在广东，店家称呼顾客为"老细"（粤语"老板"之义）更是一种常态。

（二）官场的"老板"

一段时期，"老板"称呼语不仅活跃在市场经济活动中，同时出现了向官场蔓延之势，"老板"也常用于党政机关人员。通常是在非正式场合，下级对上级的面称或背称。中央和地方政府及主流媒体对这种庸俗称呼行为不断予以纠正和治理。

（例63）"老板"词典解释为"私营工商业的财产所有者；掌柜的"。现阶段，我国多种经济成分并存，倘若私营工商业员工用之称自己的头儿，亦未尝不可；如果是集体、国有企业商业的人员称"法定代理人"为"老板"，就有点牵强附会，因为"法定代理人"并非"财产所有者"。而把"书记"称为"老板"，则是把私营工商业的主仆[雇佣]关系引入党和国家的政治生活之中，歪曲了党内正常的上下级关系。因此，称"书记"为"老板"应该休矣！（人民网，2007-01-31）

（例64）日前，广东省纪委发出关于严明党政机关工作人员之间称呼纪律的通知，要求党政机关工作人员之间一律不准使用"老板、老大"等庸俗称呼，坚决纠正"四风"在称呼上的不良表现。中国是一个礼仪之邦，称呼向来是有讲究的，这是文化习俗……但是近些年来，在"同志"称呼不断被边缘化的同时，取而代之的则是"老板、老大、哥们、兄弟"等具有浓厚江湖气息的、庸俗化的称

第八章 如今遍地是"老板"——汉语称呼的泛商业化

谓。官场称呼问题看似小，实则大，它折射的是作风，体现的是德行，称谓的庸俗化、江湖化，对政府形象和宗旨的伤害是显而易见的。就此而言，广东方面出台"称呼禁令"绝非无中生有，而是试图对现实中这些不良风气的纠偏。（"称呼禁令"能否送走"老板"，《新闻晨报》上海，2014-05-16）

可见"老板"在官场上有"呼风唤雨"的能量！中央和地方政府为肃清风气，屡下文件规范领导称呼，主流媒体也频频发声叫停"老板"。2014年，广东省纪委下发一则称呼纪律通知，指出称领导为"老板"破坏党内民主，损害公仆形象。2015年，"中共江西省委关于加强作风建设营造良好从政环境的意见"就要求党内一致互称"同志"，不得以"老板、老大"来称呼领导干部。《新华社新闻报道中的禁用词和慎用词》（2016年7月修订）在第一类：时政社会生活类词汇就新增了"对国内领导干部和国有企业负责人，不使用'老板'"的条例。刘永厚、郑双（2017）通过调查北京市党政机关人士的称呼模式后发现：相较于其他称呼形式，"老板"在贬义、庸俗、权势等维度上社会评价最差。

（三）军队的"老板"

一般人看来，军队与"老板"实在太过风马牛不相及，其实军队中的"老板"称呼由来已久。国民党军统首脑戴笠被时人称为"戴老板"，中华人民共和国十大开国元帅之一谭震林常被毛主席称呼为"谭老板"，首任铁道部

长滕代远被朱德亲切称呼为"将军大老板"。一段时期,"老板"的称呼依旧活跃在军队中。例如:

(例65)前不久,该团政委夏志军下连检查,刚走到二连门口,就听见连队值日员向副连长报告:"连副,2号老板过来啦!"听到这样的称谓,夏政委不禁皱起了眉头。经过询问,副连长道出了缘由。原来,这是官兵们私下"约定俗成"的称谓,'连副'是指副连长,'老板'是指团首长。(解放军报,2010-10-09)

军队中这种不规范的称呼已经引起了高度重视,南京军区某防空团下发《关于规范部队内部相互称谓的通知》,重申军人之间要按照条令规定进行称呼。诸如叫首长为"老板"、参谋为"某参"、班长为"头儿"等一些不正规的称谓在该团被一律叫停(熊余清、郑明欣,2010)。

(四)校园的"老板"

中国各大高校的研究生也曾流行称呼导师为"老板",尤其是理工科。对学生而言,导师不再纯粹地传道授业,而是带领学生一起做课题取得经济收入的"老板",这种类似于市场化的雇佣关系使"老板"称呼语在校园里经久不衰。高校学生常用"大/小老板"的称呼区分导师的手头资源、科研经费及学术成就等。例如:

（例 66）想考研提高业务能力，考准院士这样的大老板好还是普通的小老板好呢？（丁香园论坛，2011-01-28）

也有学生时常背称自己的导师为"我老板"，例如：

（例 67）我老板说毕业前要读 1000 篇论文。（知乎论坛，2017-09-16）

一项关于研究生热衷称呼导师为"老板"的心理研究发现，在表示尊重的因子上和在对导师经济要求的因子上，工科类学生对"老板"称呼的尊重度最高，认为其体现了对导师的经济诉求；在反感因子上，文科类学生对"老板"称呼反感度最高，理工科较低。另外，该研究也表明与其他称呼语相比，"老板"的广泛度高于"导师""教授"和"老师"，而其正式度、尊重度、亲切度都较低（陈俊等，2005）。这就解释了为什么校园的"老板"常以背称出现，因为"老板"无法表达出"老师"的尊敬和亲切，以及"教授"和"导师"的正式，当面称呼导师为"老板"反倒令师生感到尴尬。

腾讯评论的"今日话题"栏目进行了一项关于"你赞同研究生喊导师'老板'吗？"的投票活动，截至 2019 年 4 月 21 日，有 9448 名网友参与了投票，投不赞成票的占 69.24%，无所谓 18.69%，赞成票 12.07%。可见大多数人对学生称呼导师为"老板"的现象是难以接受的。

（五）娱乐圈的"老板"

在这个几乎全民皆粉的时代，直呼自家"爱豆"（偶像）的名字已远不能表达"粉丝"对他们的喜爱之情，再加上有些外国明星的名字太长，难以记忆，各家"粉丝"开动脑筋，各种昵称层出不穷。昵称的构成方式很多，在此仅撷取一类：单字谐音（或姓）+老板。知名音乐人 Justin Timberlake 被称为"贾老板"，Ed Sheeran 被称为"黄老板"，好莱坞演员 Channing Tatum 被称为"钱老板"。这些被称为"老板"的明星大都是吸金能力强、生财有道的人。

（六）方言区的"老板"

目前，有些地方方言对丈夫的称谓是"老板"。但是"老板"作丈夫义至少在清代及以前的书面材料中查无可证，并且基本所有汉语词典证此义所引用的例子也都是近代的著作，当然"老板"的丈夫一义肯定不是凭空产生的。我们做个大胆的猜想：丈夫义可能是"老板"业主或店主原义的引申。由于中国古代宗法制下的父系主导和男权至上，一家之主为男性，其掌握着金钱和话语大权，类似于一店之主，所以社会"老板"被用来代指"丈夫"是极有可能的。

《汉语方言大词典》（许宝华、宫田一郎，1999）中，"老板"的"尊称别人或自己的丈夫"义项中列出了使用的方言区：① 江淮官话。湖北广济。江苏东台："你家老板上工啦？"安徽含山、庐江、桐城、宣城、青阳、宁国。

第八章 如今遍地是"老板"——汉语称呼的泛商业化

②西南官话。湖北武汉。贵州清镇。③吴语。安徽铜陵。④赣语。安徽潜山。卢烈红（2014）补充了湖北黄梅方言、广济方言、武汉方言、咸宁市咸安区方言也都有这种用法。此外，还有安徽安庆方言、枞阳方言、江西九江方言、江苏丹阳方言。

这一用法多为物主代词+老板，如武汉方言："伲裹（你的）~｜俄裹（我的）老板"（李荣，2002）。通过查阅地图发现上述地区多位于长江中下游沿岸。从方言的划分来看，湖北武汉、黄梅、安徽安庆、枞阳县、桐城市、江西九江为江淮官话黄孝片（刘祥柏，2007）。另外，在武汉新洲的方言中，除了武汉市洪山方言属西南官话外，其余也都属于江淮官话黄孝片。

尽管上述地区方言"老板"多指丈夫，但是不同区域的"老板"用法还是存在些细微差别，如黄梅方言的"老板"："不是尊称；不仅指丈夫，还可指男朋友"（卢烈红，2014）。试想当武汉人和黄梅人同时听到"老板"称呼时，可能会产生指称对象不确定的情况，在武汉人看来是指丈夫，黄梅人却以为是男朋友，从而可能会发生语言误解。

总之，随着时代的发展，尽管"老板"已从最初指称工商业主，泛化到顾客、党政机关领导、老师等，但其泛化的广度和深度却不是同步的。李明洁（1996a）在上海地区调查了泛尊称的使用情况，发现只有23~40岁的人认可"老板"是表示尊敬的泛称呼语。张积家、陈俊（2003）调查了大学生的称呼语选择维度，发现"老板"称呼语在亲密度、正式度、尊敬度都比较低，应用广度上稍高，但总体上还是低于"师傅、老师"等通用称呼语。在本书第三章的全国调查中，"老板"的首要指称义为"私营企业的员工对企业主的称呼"，第二指称义才是"一般社会成员的通称"，受欢迎程度相较于其他汉语通称只属于中列偏后。可见"老板"虽然语义泛化了，但是人们对它泛化的接受度还是不算高。

三、"老板"泛化的原因

"老板"这一称呼语的语义泛化并不是偶然现象，而是多种因素共同促成的。

（一）经济发展的因素

语言不仅是社会发展的镜子，更在一定程度上反映了经济的发展状况。中华人民共和国成立后，社会主义"三大改造"后，与资本沾亲带故的"老板"也随之消失。直到改革开放非公有制经济得到鼓励，"老板"称呼语才得以重新回归大众视野。同时，"老板"的身价随着商品经济的发展水涨船高。从旧时人人避之如蛇蝎，到如今用"老板"表达一种尊重，甚至一种抬高或谄媚，这种社交称谓的变化也反映了人们对金钱的崇拜心理。总而言之，市场经济的发展导致人们价值观念改变，并通过语言表现出来。

（二）社会变革

语言与社会是一种互动的共变关系。"当社会生活发生渐变或激变时，语言——作为社会现象，同时作为社会交际工具——毫不含糊地随着社会生活进展的步伐而发生变化"（陈原，2000）。称呼语作为交际用语的"排头兵"，更容易受到社会政治、文化观念的影响，因而具有非常强的时代特性（陈建民，1989）。清末民族资本主义得以发展，企业制度也在国内形成，对企业家的称呼"——老板"也渐渐流传开来。之后中华人民共和国成立后的一段时期"老板"离开了人们的交际生活。

1978 年随着改革开放号角的吹响，"老板"得以重新出现。人们渴望通过实干或创业实现老板梦，小到街头巷尾的店主大到上市公司企业家都可被称呼为"老板"。在经济改革的带动下，农村基层组织也在悄悄发生改变，出现了富人治村和"老板书记"的现象，它打破了旧时士农工商中"士"和"商"的对立，并尝试将二者融为一体。其中苏南地区最典型，"许多地方政府安排或同意实力较强的转制企业老板担任其所在村的党支部书记，给他们带上了一顶'大帽子'"（龚博君，2005：35）；或者是"一批原镇办村办企业的党员骨干，通过企业转制变成了'老板'"（顾晓君等，2001：26），以及国有企业"老板"转向干部，这些群体身兼企业老板和党政机关人员两个身份。在这种对私和对公的转换中，是极有可能把商人的逐利风气带入政治场合，并通过语言表达出来。

（三）认知图式

除了社会、文化这样的大环境，交际双方的认知水平和人际关系也影响着称呼语的使用。前面通过对"老板"的追根溯源，发现了"老板"称呼语的金钱烙印，正契合了当今人们"金钱至上"的心理，使"老板"在我们的认知图式中便是与权力、地位、财势和声望等特征挂钩（李明洁，2000），成了人们在交际中表达对对方财势敬意的首选。当交际双方的关系处于金钱所引起的权势差距，或金钱权势最为凸显时，就很容易激起一方认知中"老板"的图式，从而选用"老板"。再加上它具有简洁的语言特点，使用方便，流行起来也在意料之中。

（四）语言使用原则的因素

贝尔（Bell，1984）在阐释语体变异时提出听众设计模式，认为说话者的语体转换主要是为了顺应观众。语体变异分为两类：①反应式语体转换。②主动式语体转换，后者又称参照者设计。参照者设计模式中，"参照者"不在交际现场，但仍对说话者产生显著的影响。根据说话者是否是参照者内部成员，又可分为群内（ingroup）和群外（outgroup）。听众设计理论适用于人称代词和称呼语的选用。

在会话中说话者选用"老板"这一称呼，究其根本是老板群体——这一不在场的参照物对说话者产生了显著影响。若说话者本身为老板，则属"群内"（老板称呼顾客为老板）；若不是，则属"群外"（陌生人互称老板）。群内参照者设计"本质上是短暂的，它展现的是交际双方之间的一种对抗，有即时的影响（贝尔，1984：188）。"

南方某县城一家鞋店出现下面有趣的场景，店主称呼看鞋的顾客："老板，看上哪一款了？我去拿码。"有的顾客就笑着反驳："我哪是老板啊，穷打工的哟！"并且在后续的交谈中"老板"就用得极少，直接为"您"或"你"

了。在群外参照者设计中,说话人和听话人都认为群外有声望的语言应该为参照者语言,并且这一共识使得它的生命力很强大(贝尔,1984)。在"老板"用作陌生人间的敬称时,表明交谈双方都赞同"老板"所代表的声望,积极向老板这一群体靠拢。安徽等地逢年过节,邻居串门时总爱以:"哟,谢老板,一年赚了不少大钱吧!"来打头,对方立马很受用地接了话茬儿:"马老板才是,这一身派头……"诚然交际双方都不是老板,但内心都有想要成为老板的意愿,因而都不约而同地称呼起对方为"老板"。所以老板这一群体因为有金钱、权势、管理权的优势使人们在会话中自然而然地将其视为参照者,从而使"老板"广泛被使用。

(五)社会通称的缺环

"在社交称谓语中,通称的缺环,特别是中性通称的缺环最为明显"(祝克懿,2004:28)。虽然时下的通用称呼语如"小姐、先生、女士、师傅、老师、同志"等看似数目繁多,但是它们都有自身的使用限制,如"师傅、老师"的身份限制,"先生"的社会阶层性,"小姐、同志"的语义降格等。一定程度上,"老板"的泛化弥补了它们的短板,如"老板娘"因为无法涵盖住女性一把手的意义(李佳静、孙德平,2013),"老板"便成功"上位"。又如当交际双方无法从对方服饰、年龄和性别(极少数情况)等定位时,"老板"便可以"模糊地"替代其他称呼语。

四、"老板"的使用建议

面对"老板"的过度泛化而带来的浓浓的商业气息,我们有必要针对性地根据称呼语的发展规律对其在交际中的使用提出一些建议,引导其健康使用。

(一)"老板"的得体使用场合

在施春宏(2001)看来,通用社会称谓语的语用调节和语义变化有既定的模式——伸缩率。也就是说,通用社会称谓语在使用时都会经历伸缩过程,起初是称呼特定的群体,然后泛化为对全体社会成员的通称,而后由于社会关系调整,此类称呼语又退出泛化的领域。另外,在泛化的同时,其可能会遇到贬化现象,阻碍其回归本义。"老板"如今作为社会通称的一员,如今正经历着泛化后期。为了保护好"老板",避免其重蹈"小姐"的覆辙,政府和主流媒体要实时引导其走势,避免"老板"被滥用,防止其由于在不适当场合频频"露脸"而丢掉社会通称的位置,甚至于回归不了本义的尴尬境地。所以对"老板"这一称呼语来说,最保险的策略还是要回归本义,用于指称私营企业主,保持其在商业领域使用的活力。这样既保全了自己,也给其他的新生"同行"一线"生机"。

(二)"老板"的不得体使用场合

上文"老板"的使用现状描写揭示出了"老板"由于过度泛化,走向了不适宜的场合，这已然激起了人们对"老板"的愤慨。尤其对于"老板"在官场、军队和校园的使用，反对声更是此起彼伏，甚至于一些人认为"老板"的指称对象已然固定为拥有香车美人、豪掷千金的权贵、富人形象。此时此刻，唯有将"老板"及时"悬崖勒马"，并"退位让贤"，让"先生、女士、老师"等社会称谓重新活跃起来，方可周全。

周光礼（2010）在《中国博士质量调查》一书中指出：因此，要想从根本上解决"老板"称呼语在校园横行的问题，就要对博士生和研究生的培养制度做出调整，试图解决掉导师、学生、经费三者的互相依附关系，引导师生的雇佣关系回归到纯正的学术关系，加强宣传和鼓励"老师、教授"的使用。

对于党政机关的"老板"称呼，无论是中央还是普通民众都是零容忍态度。

当然除了正本清源，针对汉语社会通称的缺环现象，更重要的工作是引导社会成员的称呼观念，转变人们的语言伦理，为新型通称的发展做出思想上的铺垫。但是价值观念的重建不在一朝一夕，广大语言工作者需要抓住语言变化的内在规律，如称呼语的伸缩率，协助政府做好语言规划工作，培育和引导新时代的汉语称呼语向着良好、健康的态势发展。

第九章　从容貌到性别
——"美女"与"帅哥"的崛起与衰落

社会通称作为称呼语中使用最广泛的一种，能够在漫漫历史长河中折射出社会、文化和人们价值观念的变迁。"美女"和"帅哥"这两个词的语义和用法在20世纪末和21世纪之初发生了巨变，而正是这次变化极大地影响了中国人今天的语言生活。

一、从稀有到普遍——"美女"与"帅哥"的语义演变

（一）"美女"的语义演变

"美女"一词，自古就有之。在过去，它是两个单音节词连用，指美丽的女子。"美女"一词在古代主要是用来评价女性外貌，用法比较单一，并不

第九章 从容貌到性别——"美女"与"帅哥"的崛起与衰落

用作面称。"美女"一词最早出现于《墨子·公孟》:"譬若美女,处而不出,入争求之。"想必熟读古代诗书的人都不难发现,"美女"一词常在古代文学作品中抛头露面,深受文人墨客的青睐。例如,《史记·外戚世家诸少孙论》中的"美女者,恶女之仇";曹植《美女篇》中的"美女妖且闲,采桑歧路间";唐代顾况在《李供奉弹箜篌歌》中写道"美女争窥玳瑁帘,圣人卷上真珠箔",以及北宋女词人盼盼作品《惜花容》中的"座中美女颜如玉"。

从以上诸多经典作品可以看出,"美女"一词在古代是颇具赞赏色彩的,是对女性个人魅力及外貌的一种高度赞扬。因此,"美女"是偏正结构,指年轻貌美的女子,真正配得上"美女"称谓的女性实在是凤毛麟角。在古代倘若没有倾国倾城的容貌,是万万不会被冠以"美女"称号的。古代四大美女西施、王昭君、貂蝉、杨玉环为大家熟知,享有"沉鱼落雁之容,闭月羞花之貌"的美誉。

特定历史时期的社会环境影响着人们的语言价值观念,当"美女"一词步入近现代,它的含义也在悄无声息中发生着演变。由于深受革命运动与西方思潮的影响,"美女"一词多用来指称那些思想开放、多才多艺、气质与美貌并存的女子,如民国时期的"四大美女":校园女神陆小曼、才气与美貌并存的才女林徽因、拥有"金嗓子"之称的周璇和"默片影星"阮玲玉。

现如今,时代又赋予了"美女"新的语义。"美女"一词在以前主要还是用于对美丽女性的背称,并不能用来面称,但在20世纪90年代末到21世纪初,"美女"作为一种称谓在中国大陆崛起了(邵敬敏,2009)。邵敬敏认为它作为面称是仿用粤方言中的"靓女"而来的,它的出现,弥补了中国大陆在一些公开场合对青年女性面称的"缺位"问题。"美女"作为一种称呼语,是有某种具体、明确的指使性作用和交际的任务（蒋静，2018），因此它在人际交往中所扮演的角色也至关重要。"美女"一词作为称呼语的使用，增添了社会通称的多样性，也在一定程度上缓解了当代年轻女性称呼语匮乏的尴尬。

（二）"帅哥"的语义演变

"帅哥"一词在古代并没有像"美女"一样得到人们的万千宠幸，在过去形容男子帅气常用的是"美男子"一词。"美男子"就是指那些容貌俊美、外表英俊的男子。同古代的"美女"一样，能真正称得上"美男子"的男性也是少之又少。我们所熟悉的古代美男子有宋玉、潘安等人。宋玉是战国时期公认的美男子，他不仅人长得漂亮，口才也是顶呱呱。而潘安则是西晋时期有名的美男子，《世说新语·容止篇》中描绘潘安的相貌："潘岳妙有姿容，好神情。"直到现在，人们还会使用"美如宋玉、貌若潘安"等来形容男子长得帅气。

由于近代受到西方文化的影响，"美"已经逐渐被女性所独占，人们不愿再使用"美"来形容男性，所以"美男子"一词逐渐被人们所冷落，取代它的"帅哥"渐渐在人们日常生活中流行开来。因此，"帅哥"可以看作"美男子"一词在现代含义的一种延伸。当今"帅哥"是与"美女"一词相对应而作为面称出现的，它是对年轻男性的一种称呼。李琼（2015）认为，应该是先有"美女"，然后才有了"帅哥"。不管怎样，它与"美女"一样，都是20世纪90年代左右作为汉语面称出现。自此之后，它们就以顽强的生命力跻身于流行社会通称之列，受到人们的喜爱与追捧。

二、"美女"与"帅哥"的使用现状

当"美女"和"帅哥"由专称变为泛称,作为面称被频繁使用的时候,它们就走上了语义泛化的道路。接下来,本文将从交际双方关系、使用场合、使用对象、使用动机等方面对这两个称呼语的使用现状进行系统阐述。

(一)交际双方的关系

"美女、帅哥"作为面称,最初是应用于彼此熟悉的人们之间,饱含一种亲切、亲昵的语气。例如,熟悉的同学们之间就经常互相称呼对方为"美女"或者"帅哥"。在双方相对比较熟悉的情况下,可以进一步增进亲昵语气,含蓄表达自己的羡慕之情,减少双方心理情感上的差距,使谈话显得随便、轻松、自然与和谐(蒋静,2018)。但是出于交际策略,"美女、帅哥"称呼语不再局限于熟人之间,陌生人为了达到交际的成功也开始常用。比如,快递小哥常说:"请给个好评,美女!"男士走在街头总会被问:"帅哥,游泳健身卡需要吗?""美女"和"帅哥"从最初适用于熟人之间到如今所有的陌生人之间皆可适用,表明它们已经经历了很大程度的语义泛化,甚至呈现泛滥之势。

(二)使用场合

场合可大致分为正式场合和非正式场合,而场合是否正式,决定因素是交际场所。"美女、帅哥"的使用场合非常广泛，但总体上来看，非正式场合是它们生存的主要阵地。非正式场合主要包括商业、服务业、休闲娱乐等场所。在这些公共场所，"美女、帅哥"称呼不绝于耳，小说、网上、日常生活中也大量使用，例如：

（例68）果然挂了电话，准备下车，发现驾驶位的车门被桃子的车堵上了，打不开。只好再次将车窗玻璃降下来："美女，你就帮个忙嘛，再去找一个车位吧！我真的赶时间。麻烦你，把车挪一下，我要下车。"

"帅哥，我也麻烦你，把车挪一下，我也真的赶时间。而且，这里我已经转了一圈了！根本就没剩一个车位，就你现在占的这个车位，还是我刚才花了几分钟才等出来的。"（沙润娜《咱们结婚吧》）

（例69）"穿墨绿色衣服、戴眼镜、开黑色电动车的帅哥，请你把头盔戴起来！"近日，一段无人机高空喊话纠违的视频被热传。事发福建莆田某街道一红绿灯路口巡逻的无人机查获一个没戴头盔的"小哥哥"。然后，交警利用无人机高空喊话表明身份。（北青网，2019-09-08）

（例70）（新生开学报到处，一名新生对一名女学生）喊道："美女，请问校医院怎么走？"

第九章 从容貌到性别——"美女"与"帅哥"的崛起与衰落

以上三则例子发生的场合分别为停车场、街头路口及校园。"美女"与"帅哥"的使用场合多为非正式场合，而在正式场合（如重要学术或政治性会议等），陌生人之间最常用的还是"先生、女士"等较正式、严谨的社会通称，而略微带有调侃、戏谑意味的"美女、帅哥"终究还是不能担此重任。虽然有时在学校或一些办公地点偶尔也会听到这样的称呼，但一般都是同学们或者是同事之间使用，使用领域也基本上为生活领域，而非公务领域。

（三）使用对象

原本"美女"一词强调的是"美"，"帅哥"一词强调的是"帅"，但是在日益频繁的使用中，"美"和"帅"逐渐虚化，变成虚指。而这种虚指打破了对于被称呼者外貌及年龄的限制，评价功能减弱甚至消失，交际的实用性增强。

现如今的"美女"用于面称时，其称呼的对象不再限于美貌的女子，而可泛指一切年轻女性，无论美丑。"帅哥"也是如此，指代一切男性，无论外貌是否真的帅气。我们全国的调查证实了这一点。"美女、帅哥"适用范围的扩大使人人皆美女或帅哥。比如，下例对长相普通的女性称为"美女"：

（例71）昨晚，路经水果摊时，正好听到老板对一位买了东西离开的女孩说："美女，慢走呀。"一位正在挑拣橘子的兄弟闻言，马上就低声对同伴说:"那也叫美女?"敢情,那个老板口中的美女,他并不赞同。老板似乎听到了这话,苦笑:"大众化嘛。"(笑语盈盈博客,2011-10-30)

在此例中,水果摊老板称呼长相平庸的女性为"美女"是当今社会行之有效的一种交际策略。同样,称呼长相一般的男性为"帅哥",也同属于这一类交际策略。当漂亮的女子被称为"美女"、帅气的男子被称为"帅哥"时,他们都会心情愉悦地接受这种赞美;当外貌平平的女子、男子被称作"美女、帅哥"时,他们也会满怀感激地欣然接受。从交际学的角度来看,这无疑是一种双赢的交际策略(岳军,2010)。

"美女"和"帅哥"的泛化也打破了对于称呼对象年龄的限制,由最初只用于指称年轻女子、年轻男子到现在可指称所有扮相年轻的女性或者男性。它们不再是年轻人的专有称呼,而是成了所有渴望美、渴望帅的人的共同称呼语。即使这群人年龄已经不小,但他们乐于花时间与精力打扮自己,注重保养,追求时髦与潮流,将他们放入年轻人之列也毫无违和感,那么这类人同样可以被称作"美女、帅哥"。

(例72)现在,我去逛街买衣服,卖衣服的叫我美女。我去吃饭,服务员叫我美女。我去买菜,卖菜的也叫我美女。隔壁搬来的新公司,打招呼一律叫我美女。卖保险的、推销产品的、银行办信用卡的就更不用说了,都是直呼美女。我想我什么时候变得那么美了。某天和我妈逛街,连我妈也被人称呼美女……难道除了美女,就没有其他词可以称呼人了吗,以前叫小姐,现在是美女,不知道将来是什么。我想就算叫我姑娘也好啊……叫什么美女啊,一点都不诚实。(娱乐八卦,2008-05-26)

此例中当事人的观念也算是道出了许多年轻女性的心声,她们开始对"美女"称呼语产生了抵触情绪,社会评价开始发生转向。

(四)使用动机

社会交际中,说话人总是在一定动机的驱使下,产生与听话人交流的意向。说话人的动机不外乎交流动机、礼貌动机和求助动机三种(陈诗卉,2016)。接下来,我们按照这三个动机分析"美女、帅哥"的使用情况。

1. 交流动机

不管人们使用"帅哥、美女"抑或其他称呼语,最终目的都是要实现交流。但是与其他社会通称相比,使用"美女、帅哥"的优势就在于能在短时间内拉近与对方的关系,高效地打开交际的大门。交流动机在一些商业、娱乐场所体现得尤为明显。比如,在商场里的服务人员就经常称呼女性为"美女"、男性为"帅哥",因为这些隐含年龄、职业和社会地位的称呼,可以拉近他们与顾客之间的距离,让顾客拥有购物的好心情,利于接下来言语交际的顺利展开。

2. 礼貌动机

中国作为举世闻名的礼仪之邦，"礼"是中国文化的突出精神，讲礼貌是我们中华民族的优良传统美德。受此传统价值观与心理的影响，在选择称呼语时，人们会遵循一定的礼貌原则，注重关系的融洽和情感的沟通。"美女、帅哥"作为对女性、男性的一种泛称，是一种"抬高称谓"。人们使用"抬高称谓"的动机无非就是出于礼貌和出于尊敬。显然，使用"美女"与"帅哥"等称呼语可以礼貌地表达出对于对方的赞美之情，营造一种融洽的谈话氛围，实现双方情感的交流。这样的称呼既抬高对方，又不牺牲自己的利益，将交际双方关系置于轻松、紧密的环境当中去，于无形之中拉近人与人之间的距离，最终达到成功交际的目的。

3. 求助动机

求助动机同样也是人们使用"美女、帅哥"称呼语的一个重要动机。若一方有求于另一方，那么交际中的两人就会处在不平等的位置，求助的那一方就会想方设法地去讨好对方，这种讨好就可以清楚地体现在称呼语的选择上。比如，在问路的时候，如果被称呼者是美丽年轻的女性，那么人们就会使用"美女"来称呼对方，这样的称赞会令对方感到欣喜，从而顺利实现自己求助的目的。试想如果在这种场景下称呼一位年轻女性为"大姐"，想必对方心里会很不舒服，本来知道路怎么走，却因为这一声称呼故意不给予帮助。现如今，受一些电视、网络等媒体或者是周围的人的影响，越来越多的人在求助他人时，都会选择"美女、帅哥"这样的时髦称呼。

三、"美女、帅哥"语义泛化的原因

导致"美女"和"帅哥"语义泛化的主要因素包括社会因素和心理因素。

(一)社会因素

社会高速发展,新鲜事物不断涌现,人们的价值观念也早已发生重大改变。受西方文化的影响,人们的审美观念趋向多元化,现在社会中每个人对美与帅都有着自己独特的理解。当今社会不再像古代那样吝惜"美女"或"美男子"称誉不肯轻易将其给予常人。相反,现在的社会拥有着审美宽容度极高的社会审美主体,这为"美女、帅哥"的语义泛化提供了可能。

另外,美与帅作为两个模糊的概念,它们的范畴是无法确定的,即衡量"美女、帅哥"的尺度无法把握,进而无法明确美与不美、帅与不帅之间的界限。有些人可能认为娇小玲珑是美,亭亭玉立是美,也有人认为丰腴圆润是美;帅可以是温文尔雅的帅,也可以是阳光可爱的帅,这真实地印证了人们"萝卜青菜,各有所爱"的认知感觉。"社会语言学认为,交际性是语言的根本属性,语言的动态是与人的动态、社会的动态紧密联系在一起的"(邢建丽,2011:88)。人们多元化审美的这种价值观必将折射到语言中去,并且首先反映到词汇上。再加上新闻媒体、网络的不断宣传刺激,使"美女"效应、"帅哥"效应愈演愈烈。

（二）心理因素

追求新奇与变化是人类共有的心理特征，表现在人类改造自然、改造社会的各种活动中，语言成分的创造性使用也能反映这种心理特征。"美女"与"帅哥"使用群体大多为年轻人，他们普遍具有追新求异的心理特点。富有朝气的年轻人对各种新鲜事物的出现充满了新奇感，追求时尚与潮流的他们自然也习惯将各种流行语挂在嘴边。这样的心理特征为"美女、帅哥"等时髦称呼语在年轻人群体中的流行奠定了一定的基础。当一部人开始使用这些流行称呼语之后，人们的从众心理又加快了这两个称呼语泛化的步伐。

四、"美女、帅哥"的认可度

（一）"美女"的认可度

在对全国 2100 人的调查中，对于"美女"的态度，只有 7% 的人选择了"非常喜欢"；29.76% 的人选择了"喜欢"；47.62% 的人选择了"一般"；10.1% 的人选择了"讨厌"；5.52% 的人选择了"非常讨厌"。由此可见，绝大部分人的态度居中。山东枣庄一个受访者表示"只是一个简单的称呼而已，没有特定的含义，'美女'就等于'你好'"。我们从网络和报刊中也搜集了一些反映人们态度的例子：

第九章 从容貌到性别——"美女"与"帅哥"的崛起与衰落

（例73）根本没有感受，现在是个女的都被叫美女。感觉只是个称谓，跟姑娘之类的差不多。（豆瓣，2017-02-24）

（例74）现在在任何地方都会有人很甜蜜地把年轻的男女称为"美女、帅哥"。网络、电视、报纸、大街小巷里，到处都充斥着这些字眼。有很多人我觉得是那种知道说话人只是嘴甜故意那么叫并非实话，大家心知肚明谁也不捅破这层纸，这种称呼就似乎只是一种区分性别的代号了。没有什么实质性含义。（新浪博客，2010-11-07）。

上述例子就代表了部分网友对待"美女"的一种无所谓的态度，仅仅将它看作是一种称呼，一种可以凸显出被称呼者性别的通用称呼，就像"姑娘、小姐、女士"等这类称呼一样，可以在日常生活中用来称呼绝大多数的女性。

支持派。上面数据显示有29.76%的人还是喜欢"美女"这个称呼语的，从整体来看所占据的比例也不低。这也从一方面反映出了"美女"若能得到恰当、得体的使用，还是能收获不少"粉丝"。下例中的女性就乐意别人称呼她为"美女"：

（例75）只要能和美搭上边，心里还是乐滋滋的，就是做个老美女也行。骨子里不是一个媚俗的人，可私底下还是喜欢别人这样称呼。（腾讯网，2008-10-22）

在恰当的场合对于年轻美貌或者是打扮比较年轻、容貌姣好的人使用"美女"这个称呼语是完全可行的。"美女"一词，即使现在语义发生了一定程度的偏化，但在听者看来，它还是一种赞美，是对其美与年轻的肯定。与社会上的男性相比，女性更加渴望得到他人的欣赏和认同，而"美女"这一称呼语就很好地满足了她们这种心理需求，迎合了许多女性对美的虚荣感。下面是一个访谈对话：

（**例76**）[受访者：女性，30岁左右，地点：北京。]
　　采访者：您对"美女"这个称呼怎么看待呢？
　　受访者：我觉得大家现在都是这样叫吧。你去买东西大家都会叫你
　　　　　　美女怎么样的。对于女性来讲，她听到这个词的话会比较
　　　　　　开心，不管是恭维也好还是其他什么原因也好，反正比叫
　　　　　　大姐要强很多。
　　采访者：会觉得被称呼美女或帅哥很轻浮吗？
　　受访者：并不觉得轻浮。我觉得这是一种礼貌吧，别人也是想通过
　　　　　　这个词来吸引你注意，而且别人这么叫我我也很开心的。

　　反对派。但是，由于"美女"称呼语的泛滥，导致它出现了很多不得体的使用情况，如下面对年过半百的女性称呼"美女"的行为就会令人难以接受。

（**例77**）一天早晨，一个40多岁的女士喊负责调味的赵阿姨："美女，给点卤水。"等那位女士离开后，赵阿姨说："她喊我美女，真

第九章 从容貌到性别——"美女"与"帅哥"的崛起与衰落

是把我黑了一筛（注：吓了一跳）。我今年都56岁了，小孩子叫我奶奶。那位女士估计想把我喊年轻点我会开心些，也是好心。"（凤凰网湖北站，2013-12-05）

诸如上例，"美女"不得体使用的情况频频出现，引发了很多人对"美女"称呼语的愤慨，于是对其认可度就持续走低。很多人开始在社交媒体上对"美女"称呼语进行口诛笔伐，现在选取几则言论摘录如下：

（例78） 年轻女孩认为，"美女"称呼应适得其所，不应作为廉价的帽子到处送人。年轻女孩要"专美"，反感"大婶""掠美"，不屑与"大妈""共美"。（天涯论坛，2014-01-10）

（例79） 当美女逐渐成为一个高频的现代人际交往称谓时，我渐渐表示越来越接受不能。说不上来是一个什么样的感觉，不知道有没有人和我有一样的想法。现在我一听到别人叫我美女就觉得浑身起鸡皮疙瘩很尴尬。我不习惯听别人一口一个叫我美女，我也不习惯叫别人美女。（简书，2015-10-14）

另外，不同时代的人对"美女、帅哥"有不同的理解，总体上年纪稍大的人比较保守，对这两个称呼语的接受度相对较低。

（例80）[2017-09-03，受访者：女性，68岁，地点：河北省。]

采访者：那您年轻的时候有没有人喊您"美女"啊？

受访者：我年轻的时候那肯定没有，那时候哪像现在的小年轻似的，我们那会挺保守的，被喊美女，可能会直接拿鞋朝脸糊过去了。

采访者：您那时候喊美女是对人家的不尊重是吧？那您现在喊人家二十多岁的小姑娘会喊人家美女吗？

受访者：不会，没那习惯。

采访者：都喊啥啊？

受访者：小闺女啊，小姑娘啊。

采访者：也不会喊帅哥是吗？

受访者：当然不会，在我们这个年代的人看来，这些称呼太轻佻了。

中国传统文化中"美女"所蕴含的意义对现代人们的影响依旧很大。一方面，人们对该词所体现的"美貌"的要求还比较高，如果没有达到这一标准，就非常容易造成人们心理上的"错位"，以至于产生对这个称呼的抗拒心态（邵敬敏，2009）。另一方面，当一些年轻女性发现"美女"已经变得廉价，她们的心理也就产生了抵触情绪。其中的缘由让人不免联想到《阿Q正传》里，当赵太爷听到阿Q说自己也姓赵，跳过去给了阿Q一个嘴巴，呵斥道："你怎么会姓赵！——你哪里配姓赵！"同样道理，"美女"的掉价可能冒犯到了许多美丽姑娘相貌上的优越感。

除此之外，女性总体上缺乏语言安全感。社会地位的不平等造成了女性十分在意别人对自己的称呼，因此对女性专属称呼语会比男性更加挑剔，更加敏感。还有，越来越多的现代女性厌倦了社会以容貌评价她们，渴望男女平等，这也会影响她们对"美女"称呼语的认可度。

（二）"帅哥"的认可度

据调查结果显示，2100人中6.48%的人选择了非常喜欢"帅哥"这一称呼语；27.14%的人选择了"喜欢"；有高达50.43%的人选择了"一般"这一选项；有10.1%的人选择了"讨厌"；5.86%的人选择了"非常讨厌"。同"美女"的情况大致相同，大部分人们将"帅哥"看作是对年轻男性的一种称呼，谈不上有多喜欢，也没有多少厌恶。例如，很多男性对于"帅哥"称呼语持如下看法：

（例81）男性对称呼没有那么敏感——把人往年轻了叫就行。相较女性对称呼的敏感，男性对于称呼就宽容得多。从"同志"到"师傅"，从"先生"到"帅哥"，从"小张""老王"到"某总""某工"，大部分人表示都可以接受。年轻男性叫"小伙子""帅哥"准没错。（腾讯·大浙网，2015-12-15）

虽说很多男性对于称呼语的宽容度较高，但是过度频繁、不分场合、不看对象地使用也势必会招来一些反感。对"帅哥"称呼语的厌恶可能就来自泛化导致的滥用，于是很多男性也开始抗拒这沾染上庸俗的称呼语：

（例82）我宁可人家喊我先生而不是帅哥，你能想象一个五六十岁的大妈在你后面喊，哎帅哥等一下，便宜点卖你算了的那种尴尬吗？（桐庐，2016-11-14）

还有一部分男性对"帅哥"称呼语抗拒的原因是认为社会评价男性的依据不应该是容貌，而应该是根据他的成功、金钱及社会地位。例如：

（例83）我对美女这个词本身不反感，却很反感帅哥这个词，因为我认为男人绝对不能用外貌来评价。（圣城家园，2013-05-25）

例（83）实则体现了一种说话人对女性的性别歧视，但也折射出了一个社会不公现象：社会多以容貌评价女性，多以成就评价男性。

五、"美女、帅哥"的使用建议

社会需要决定了社会通称的产生。生活中任何称呼语的出现及发展都与社会紧密相关。现代的人们思想更加开放，敢于直接表达对他人的赞美与表扬，从而使"美女"与"帅哥"风靡一时。

当前，"美女、帅哥"主要承载的是招呼功能，评价功能已经减弱，甚至消失。正如古人云："日中则移，月满则亏，物盛则衰，天之常数也。""美女、帅哥"的滥用也给它们带来了不少"差评"。因此，我们有必要对它们在交际中的使用提出一些建议。

（一）适度使用，避免庸俗化

"美女"与"帅哥"称呼语的泛化有其必然性，但是不能泛滥。试想有人在公众场合喊一声"美女"，周围很多女性都回头，都以为在招呼她们，那么这时候称呼语就失去了指称功能，也就慢慢丧失了生命力。网络媒体不应过分宣扬美女、帅哥效应，刺激大家眼球。个人的称呼行为应该做到适度使用，帮助这两个称呼语摆脱"庸俗"的标签，让它们的使用适得其所。

（二）贴切使用，避免贬义化

"美女、帅哥"的使用要适合使用场合和使用对象。对于漂亮、帅气的人来说，若别人称呼他们为"美女、帅哥"，那就是锦上添花；而对于那些自己觉得自己并没有多么好看、帅气的人来说，那就是一种讽刺和挖苦。如果人们是出于讨好奉承的原因去这样称呼一些其貌不扬的人，这就不再是一种发自内心的真诚的赞美，而是对他人自尊的深深伤害。

所以使用"美女、帅哥"称呼时，一定要遵循贴切的原则，只有适宜了使用对象及双方谈话的场合，它们才不会沦为贬义称呼语。同时，人们应该努力丰富自己的称呼。

总而言之，要引导"美女、帅哥"称呼语向着良好、健康的方向发展，需要社会上各方力量的共同努力，它们的前景如何，也要看其自身能否经受住时代的考验。

第十章 亲,你来自何方?将去往何处
——"亲"的语义泛化之路

2019年9月的一天,笔者到北京龙潭公园附近的吉野家快餐店用餐,在等待区的电子大屏幕上赫然看到这样一行字:"亲~请到此取餐"。不知不觉间,我们早已步入了"亲"时代!

"亲"成为汉语的一个社会通称,还是进入21世纪以后的事情,但它来势迅猛,在中华大地已经流行了十几年的时间,当前依然活跃在中国人的日常交际中。

一、"亲"的传统意义

根据第6版《现代汉语词典》,"亲"的传统用法可作动词、形容词、名词和副词。用作动词的义项:①用嘴唇接触人或东西,表示亲热、喜爱。

如亲嘴；②跟人亲近（多指国家）。如亲华、亲民。用作形容词的义项：①亲生的。如亲女儿；②血统最接近的。如亲弟兄；③有血统或婚姻关系的。如亲戚、亲友；④关系近，感情好。如不分亲疏、亲近；⑤本人的，自己的。如亲身、亲手。用作名词的义项：①父母。如双亲；②婚姻。如结亲、定亲；③指新妇。如娶亲、迎亲。用作副词的义项：亲自。如亲临、亲赴。

不管什么词性，"亲"作为一个单音节词，传统上不能用作称呼语。与之相关的"亲爱的"，一百年前被用作称呼语时，大概也是个舶来品。受西方文化影响，中国受过教育的、赶时髦的夫妻互称"亲爱的"，与英语的dear、darling相对应，抑或似其他西方语言的类似称呼形式，但英汉之间有差异。"在英语中，称'亲爱的朋友''亲爱的先生'是极其平常的，而汉语书面语中若称'亲爱的先生'，有时会带有一点讽刺或取笑的意味"（初崇实，2011：66）。近些年，由于汉语通称的缺环，"亲爱的"使用范围不断扩大，它不仅用于夫妻、闺密之间，而且在好友、同事、甚至陌生人之间频繁使用。相信很多人都有被一些售货员、推销员冠以"亲爱的"的经历，无论你是否乐意。

谁曾想到，21世纪初，比"亲爱的"更简洁的"亲"，作为一个汉语社会通称的新成员，横空出世，今天大有占据中国人线上线下语言生活的势头。例如：

（例84）亲，你在××网上订的货已经到了。

（例85）昨天我在教九丢了一个红色的mp3，不知哪位亲捡到了，请联系我哦。

（例86）亲，入住愉快哦！您有张免房券待赢取，立即微信关注××订阅号限时抢！（格林豪泰酒店发给客人的短信）

（例87）@东西城亲！车牌可以互换了？6月1日起实施！机动车号牌将迎来这些大变化！（北京"家住东西城"微信公众号，社区居委会2019年6月1日推送）

在教育部、国家语委出版的《2009年中国语言生活状况报告》中，"亲"已经正式成为社会通用词语。那么，作为社会通称的这个"亲"到底来自何方？

二、"亲"的起源说

刘永厚（2017）探讨了"亲"的起源。第一种说法，它是"亲爱的"的简称，21世纪初作为淘宝体称呼而兴起。淘宝网2003年5月10日由阿里巴巴集团创办，2004年前后，有淘宝卖家创造性地将"亲爱的"简化为"亲"来称呼顾客，因此"亲"可以视作以淘宝网为代表的当代电子商务的产物。因为使用起来便捷，"亲"在淘宝网上迅速传开，广泛用于买家与卖家、店主与店主之间，成为淘宝、天猫等网站购物时的标准称呼语。

第二种说法是"亲"源自韩语中的汉字词"亲旧"，读作qingu，意思为朋友。"亲旧"后被省略成了"亲"，"亲"被韩迷们广泛使用（王家学，2014）。受"韩流"影响，国内最早使用"亲"来指称"粉丝"的明星是

第十章 亲,你来自何方? 将去往何处——"亲"的语义泛化之路

周笔畅,她在2005年参加"超级女声"节目时称呼其歌迷为"笔亲",周笔畅的粉丝们也以"亲"互称。其他娱乐明星们也开始使用"×亲"来称呼他们的"粉丝",以获得更多粉丝的喜爱和认同。"粉丝"们开始用"×亲"来表示自己属于不同的"粉丝"群体,因此出现了大量类似"杰亲、轩亲、梨亲"的用法,这些用法推动了"亲"的语义泛化。

随后,网民的创造性被迅速激发了出来,"亲"词汇扩散势头在加剧,网络论坛里很快出现了用"×亲"这一结构来称呼与自己有相同爱好的人的用法,称呼者和被称呼者一般是陌生人关系,如"宅亲们、考研亲、球亲、吧亲们"等。在这个阶段,"亲"的结构稳定,主要出现在名词之后,后面可加词素"们",句中常与"哦"共现,主要用在论坛和贴吧。

与娱乐界起源说相比较而言,"亲"的淘宝体起源似乎更加促成了其在汉语中的语义泛化,毕竟淘宝体是单独使用"亲",而娱乐界起源说采取的语言结构一般是"×亲",二者有一定不同。

但不管怎样,随着"×亲"在娱乐界、网络上传播的加速,与淘宝体称呼"亲"似乎呈现双源合流之势。"亲"的使用范围继续扩大,语义不断泛化。同时,网络生活全方位地介入现实世界,虚拟世界和现实世界的边界迅速消解。"亲"从线上迅速发展到了线下,它开始被用来称呼陌生人,以及熟悉和要好的朋友,用于电话短信、网络聊天、面对面的日常交谈中。"亲"被《咬文嚼字》评为2011年汉语十大流行语之一,成为一个不折不扣的社会通称,一个社会通称的新成员。例如:

(**例88**)群内亲们,有买房子的记得找我,我有优惠价格。(微信聊天)

（例89）亲，今年的科研任务完成没？（同事间对话）

从以上例子可以看出，"亲"不仅可以在网络上称呼陌生人，在网购交流中称呼顾客，还可以在日常生活交流中称呼熟人。

此外，在此阶段"亲"开始用在大学录取通知书、交通告示、机关部门的招聘启事中。例如：

（例90）亲，祝贺你哦！你被我们学校录取了哦！……奖学金很丰厚哦！门口就有地铁哦！景色宜人，读书圣地哦！亲，交不起学费也没有关系哦！我们有"绿色通道"哦！亲，记得9月2日来报到哦！亲，录取通知书明天"发货"哦！（2011年某理工大学的大学录取通知书）

（例91）亲，前方13公里连续下陡坡，急弯，请不要超速，超车哦。（交警指挥牌告示）

"亲、亲们、×亲、亲亲"是最流行的四种变体。在大众传媒的帮助下，"亲"已渗透到个人的生活之中，跟"先生、小姐、同志"一并成为社会通用称呼语的一部分，已经固定在语言结构中了。从"亲"的词汇扩散和语言传播轨迹来看，当今的语言传播速度在加快，传播方式与传统也有很大不同。除了网络上的语言新用法传播到人们的日常生活中，线上线下两个维度语言空间的融合在提速。

三、社会评价：有人喜欢有人烦

"亲"如今充斥着人们线上线下的语言生活，它的适用对象比较宽泛，男女老少，熟悉的人、陌生的人，基本上都可以称呼其为"亲"。在我们的全国调查中，它的主要义素和选择的人数占比如下：网络购物时的称呼（54.19%）；称呼关系亲近的人（24.9%）；一般社会成员的通称（10.52%）；有相同兴趣和爱好的人（6.14%），其他（4.24%）。可见，它主要是网络购物时的一个称呼语，而且从总体上来看，年轻人对"亲"的接受度相对更高，女性更多使用它。

"亲"的社会评价褒贬不一，可从我们全国性的调查数据看出这一点，"亲"的受欢迎程度是"一般"，分值为3分，正好居中（5分是满分），受喜欢程度仅仅高于"同志、小姐"。搜狐文化（2017年6月11日）报道的一个事件也折射出了有关它的争议。

若干天前，微博大V徐静波在浙江舟山订购了两箱瓜果，委托顺丰快递到上海，收货后开箱一看，发现瓜已然破碎很多，气愤之下上微博发帖。该条微博直接@了顺丰集团，顺丰很快派客服经理联系解决问题，接下来的对话：

（例92）
　　徐静波：我们不要求赔偿，只期望你们改进运送，提高企业的精细
　　　　　　化服务水平！
　　SF丰妹：嗯嗯亲放心，后续我司会在这方面加强改善提升，做得不
　　　　　　到位的地方还请亲多多包涵。

> 徐静波：顺便提醒你一下：作为一家正规公司，最好别用轻佻的语
> 　　　　言与客户沟通！

一石激起千层浪，徐静波与顺丰客服"丰妹"对话中的最后一句话招来无数反对之声。反对意见一致认为博主不了解电商的沟通方式，对客服人员无礼、不尊重，应该道歉。也有少数跟帖认为淘宝体"亲"的称呼确实使用不当，拉低了一家正规企业的档次，也有说在应对严肃问题时使用这样的称呼感觉缺乏诚意，让客户反感。

那到底是"亲"还是"不亲"？社会上的意见分为三派。

1. 拥护派

喜欢"亲"的人认为它便捷、时尚、前卫，代表了年轻人的文化。与"师傅、同志"等泛尊称相比，"亲"更加新潮，容易被年轻人所接受。尤其在网购中，"亲"符合虚拟世界的发展大势，具有网络语言简洁、活泼的特征，能够迅速拉近买卖双方的心理距离。

"亲"顺应了时代特点，迎合了当今快节奏的生活需求，人们不必绞尽脑汁劳神去想哪个称呼更合适，符合交际的经济性原则。哈佛大学的语言学家齐鲁夫（Zipf，1949）在其专著《人类行为与省力原则》中提出，人类行为普遍遵循省力原则。他认为在语言领域有两股互相矛盾的力量，一股是"统一力量"，另一股是"分化力量"。前者站在说话人的角度考虑言语的经济性，以简化为目标，说话人要尽可能少地付出脑力和体力，从而做到最省力，因此又叫"说话人经济原则"；后者站在听话人的角度，以反歧义为目标，因此

又叫"听话人经济原则"。齐鲁夫认为,这两股力量只有达成一种平衡,才能实现真正的省力。"亲"至少满足了说话人经济原则,很多时候也满足了听话人经济原则。下面几则网友的感受:

(例93)网络购物在虚拟的条件下进行,摸不到实际的货物也看不到买卖家的表情、态度,为了弥补与现实交际比较而缺少的亲近和热情,就给对方一个昵称"亲",以此来拉近彼此的距离,以有利于沟通,促进交易的顺利进行。这与当下网购的女性比例多于男性也有一定关系。(新浪博客wwyzwxw的博客,2011-11-07)

(例94)"我觉得她们这样很热情,很亲切啊!在网上购物或者聊天,我们彼此也是这么称呼的。"顾客王婉菁告诉记者。美甲师小李则表示:"工作人员也正是抓住这种心理,把这样的称呼挂在嘴边,拉近和顾客之间的距离,以达到最好的营销效果。"(腾讯·大浙网,2015-12-15)

2. 反对派

"亲"在年轻人当中相对受欢迎,很多中老年人直呼难以接受。其他反感它的人则认为"亲"虚伪、做作、不自然、不真诚。用在网购中容易让顾客感觉别扭,不习惯,易产生误会,拉低正规企业的档次。用在熟人好友之间反而显得生分、疏远。大学的录取通知书、单位招聘信息、交通安全宣传语、公安局官方微博使用淘宝体"亲"缺乏严肃性。下面是几则网友意见:

（例95）不知道什么时候开始，淘宝的掌柜和客服就左一个"亲"，右一个"亲"，刚开始让人摸不着头脑，说话这么腻……像我这样对此感到厌恶的人并不是少数。我问过很多人，他们都说感到恶心，凭什么被你们给"亲"来"亲"去的呀？作为一名优秀的客服，我想最重要的是把"您好""谢谢""对不起""请问"之类的礼貌用语挂在嘴边，而不是把那些不被所有顾客接受的恶心用语挂在嘴边。（生意经，2010-07-12）

（例96）头一次听到时，是个小美女卖家，还挺高兴。后来几次碰到男人说出来的，真恶心。（天涯社区，2010-07-17）

无独有偶，国外也出现了反对对不熟悉的人使用"亲爱的"此类称呼的声音。新快报讯：在欧洲人日常的工作和生活中，"亲爱的"是不少人常用的称呼语。可是，英国西部港口城市布里斯托尔市议会最近新出台一项命令，禁止议会全体人员以后再以"亲爱的"称呼来访宾客。该市议会领导人，自由民主党人士芭芭拉·扬克对工作人员总是把来访的宾客都称为"亲爱的"非常不满，要求他们有所改变，要给议会塑造更加"专业、谦逊的形象"。该议会特意发表了一份声明说："过于亲密的称呼方式对一部分人来说是一种冒犯。"❶

---

❶ 英某市议会禁止用"亲爱的"称呼宾客以免冒犯 [EB/OL]. (2013-08-17) [2022-03-09]. http://news.sohu.com/78/90/news212209078.shtml.

3. 无奈派

人们使用"亲",很多时候是出于从众的心理,未必真的喜欢,属于无奈接受。看下面几个网友的分享:

(例97)每个人都生怕落伍了,所以大家都基调格外一致!(天涯社区,2010-07-16)

(例98)我也很不喜欢,但自从来了公司,干啥都是亲亲亲,搞得我都潜移默化了。(天涯社区,2015-06-13)

(例99)每次被叫我也很郁闷,不过叫的人估计也不见得有多情愿。(豆瓣小组2011-02-19)

总之,目前的情况就是,不管是作为网络用语,还是现实生活中的通称,"亲"的使用频率都很高。不管社会评价如何,"亲"的使用范围在争议中持续扩大。

四、"亲"的语用优势

语言模因的强弱,取决于它本身的魅力和传播的社会时空情景等因素(何自然,2014)。"亲"作为一个社会通称新成员,在传播中语义不断泛化,当前依然显示出较强的生命力。它自身的语言特性和社会环境二者共同合力成就了它的流行。笔者认为"亲"具有如下语用优势：

（1）"亲"通用性强，符合通用性原则，男女老少皆适用，是汉语通称缺环背景下的一个优先选项，及时填补了汉语通称的空缺。

（2）它亲昵，有感情色彩，符合语言使用的主体性原则，可以拉近交际双方的心理距离，尤其适合非面对面的网络沟通。朱文娟（2012）认为"亲"有生命力的原因是它具有一定的"糖果效应"和"甜蜜度"，充分发挥了言语的能动调节作用。

（3）它形式简洁，使用便捷高效，省时省力省脑，基本符合语言使用的经济性原则，满足了避繁从简的社会心理需求。它具有单数第二人称代词的功能，省去了人们在熟悉体"你"和敬体"您"之间的选择苦恼。不过遗憾的是，它不能完全满足听话人经济性原则，常产生歧义，会引起交际一方甚至双方的不适。

（4）它属随意语体，迎合了语言朴素运动的发展趋势，符合朴素语言的使用原则。

（5）它时尚新颖，满足了年轻人求新求异的心理原则。

笔者认为"亲"的流行和语义泛化在语言层面会产生一系列的连锁反应。

（1）"亲"丰富了现代汉语称呼语系统，但同时又挤压了其他汉语社会通称的生存空间。

（2）"亲"既可以单独作为一个称呼词，也可以作为一个称呼代词（例如，"我们一定给亲优惠"）。它不仅具有招呼功能，还有指代功能（刘玮娜，2012）。它在句子中位置灵活，可代替第二人称代词"你"和"您"。这是汉

第十章 亲,你来自何方?将去往何处——"亲"的语义泛化之路

语中的一个语法新现象,也是一个正在进行中的语言演变,会对汉语单数第二人称代词系统产生影响,这个新语法现象值得关注。

当前中国社会需要通用性强、交际双方都能接受的社会称呼语。按照社会语言学波浪理论来看,"亲"称呼语的出现就如一块石头扔在湖水中,目前仍然作为一个强势语项向外扩散,扩散的方式是波浪式的。尽管"亲"有不尽如人意的地方,但由于它所具备的优势,它的使用范围会进一步扩大。然而,"亲"无法用在正式场合,这是它的一个局限性。

第十一章 风光不再，不可强求
——新形势下"同志"的功能再定位

"同志"这一称呼语在当今中国人的工作和日常生活中尽管还在使用，但早已风光不再。纵观它的语义演变历程，可谓命运多舛。我们先来梳理一下"同志"一词的语义变迁史。

一、"同志"的语义演变

"同志"一词最早见于左丘明所著的《国语·晋语四》："同姓则同德，同德则同心，同心则同志"。这里的"同志"指的是相同志向。《后汉书·刘陶传》："所与交友，必也同志。"此处用法类似，或至多由相同志向引申为志向相同的人。在古汉语时期，"同志"在词形上只是两个单音节字组成的偏正短语，在语义上主要指相同志趣或具有相同志趣的人，"它并不是一个泛尊称，甚至也不是一个称呼语"（胡范畴、胡玉华，2000：115）。

第十一章 风光不再,不可强求——新形势下"同志"的功能再定位

"同志"被用作称呼语最早出现在晚清时期,那时的革命党人内部就已互称"同志",指有相同革命理想的人。1918年,孙中山先生在其发表的《告海内外同志书》和《致南洋同志书》中,称呼那些立志于推翻封建王朝的同盟会成员们为"同志";1925年,其为世人耳熟能详的《总理遗嘱》也被概括为"革命尚未成功,同志仍须努力"。这个时期的"同志"开始具备相对固定的含义,与政治和革命有直接而密切的联系,特指具有共同政治信仰或为同一政治目标而奋斗的政党成员。

1921年中国共产党成立之初,中共一大党纲明确规定:"凡承认本党党纲和政策,并愿意成为忠实的党员者……都可以接收为党员,成为我们的同志。"这是中国共产党在正式文件中最早使用"同志"。党内互称"同志",表明拥有共同的共产主义理想,并愿意为之共同奋斗终生。这一时期,"同志"的使用范围仍然局限在政党成员内部,普通民众并不会被称作"同志"。此外,由于革命立场和政治理想的分歧,中共成员对资产阶级知识分子和民主党派人士也不能随便称"同志"(居祖纯,1991)。

1949年中华人民共和国成立后,"同志"称呼语迎来了自己的春天。为了团结全国人民实现建设社会主义新中国的政治目标,中国共产党开始大范围推广使用"同志"。它不仅取代了诸如"老板、先生、太太"等具有封建主义和阶级色彩的称谓语,而且赋予了全体劳动人民平等的社会地位。这个原本只在政党内部使用并且具有鲜明政治和革命色彩的称谓语,开始跨越政党的门槛,走向各行各业的普通民众。此外,它的使用规则也有所变化,司柯滕、祝畹瑾(1983)总结了"同志"的七种使用形式:单独使用、姓+同志、名+同志、姓名+同志、职衔+同志、修饰语(老、小)+同志、修饰语

（老、小）+姓+同志。由此可见，这一时期，"同志"只用于革命成员之间的特殊意义逐渐消失，并由一个特定的专属称呼迅速泛化为当时最权威、最受人民欢迎的社会通称。

然而，之后的一段时期，"同志"这一称谓"已经远远超出称谓语汇的功能，而带有强烈的政治色彩"（王枫、李树新，2005：94）。因此，改革开放后"同志"的感情色彩逐渐弱化，再也无法与中华人民共和国成立初期的受欢迎程度相提并论。

20世纪80年代末90年代初，谁也未曾料到，"同志"被用来指称同性恋者，"同志"就此经历了语义转移！这一用法发端于香港，20世纪90年代中期，香港的一些报纸开始使用这一新用法（王迪伟，2008），并很快在新加坡、马来西亚等地流传开来，并通过深圳、广东等地区进入中国内地。近年来，它的同性恋新语义正在被越来越多的年轻人使用，并被收录于《中华现代汉语词典》（2011）。

对整个中国社会而言，"同志"早已褪去战争年代的革命色彩，其社会地位已今非昔比，尤其是自有了同性恋的新语义后，"同志"变了味儿，在社交场合它甚至都无法精准地表达礼貌，时常引起被称呼者的误解。

二、"同志"当前的主要使用场合

在第三章的全国调查中，"同志"在所有汉语社会通称中使用频率最低、低于"偶尔使用"。那么，它目前主要在哪些场合使用呢？

第十一章 风光不再，不可强求——新形势下"同志"的功能再定位

（一）用在正式场合，尤其是中国共产党成员之间

"同志"的传统意义显然经历了语义回归，现在主要用于具有共同政治信念的中国共产党成员之间。总体而言，中国共产党成党员之间如今使用"同志"的频率大不如从前，它主要用于上级对下级或平级之间。当前，下级不再可能有勇气使用"同志"来当面称呼上级。上级可能会偶尔以"姓名+同志"或"名+同志"的形式来称呼下级，但一般发生在正式的、严肃的场合。

国内高级别领导在开会时经常互称"同志"，但多以"名+同志"的形式出现，此时是一种亲切称呼。笔者也常听到下属会使用"名+同志"的模式来背称高级别领导，表达的是礼貌和尊重。司柯滕、祝畹瑾（1983）当年总结的七种使用形式中，时至今日也就"同志单独使用、名+同志、姓名+同志"等几种主要形式依然在用了。

除了出现在官方会议、官方文件中，"同志"称谓也常出现在领导干部的任免大会和领导干部的任免通知中。

（二）用在国企、事业单位的职工大会上

在国企和事业单位的职工大会上，开场和结束时最标准的称呼语依然是"同志们"。它除了是一种程式语和惯例，这个严肃的称呼语发挥着语言的建构功能，强调信息的严肃性，提醒与会者的注意；或作为语境提示，暗示大会开始或发言即将结束。但在开会以外的工作场合，即使是在体制内的企事业单位，人们私下里也很少使用"同志"。

相比之下，外企、民企早已弃用"同志"很多年了，甚至可以说这个称呼在此类单位早已销声匿迹！这些单位在工作中当然需要通称用语，但不同单位、部门有自己独特的称呼文化。京东人力资源管理部门某中层管理人员在访谈中告诉笔者，她们部门开大会时正式的称呼是"小伙伴们"，它年轻、时尚、活泼，有活力和凝聚力！北京某高校教务处人员在各院系的教学秘书微信群里发通知时称呼教秘们为"各位小主"。如此等，不一而足。

（三）用作社会通称

祝畹瑾（1994）曾提到"同志"通常用于三类人：陌生人，职业不明的人，没有职衔并生疏的人。当前，"同志"用在陌生人之间时，一般是在问路或求助时使用，使用对象也受限制，多用在警察和解放军战士等公职人员身上。在北京的调研中，我们曾访谈过一位退役军人，他表示部队对称呼有明确要求，无论职务高低，以"同志"相称，能体现出一种平等的感觉。但他退役后，在生活工作中也很少使用"同志"了。

是否用"同志"来称呼陌生人，这当然与说话人本人的使用习惯、年龄和经历有关。我们的全国调查数据显示，年龄越大的人，把"同志"用作社会通称的频率越高。我们看一则对一位老年人的访谈：

（例100）[2017-08-19，受访者：男，65岁，职业：保安。地点：北京。]

采访者：您被称呼过"同志"吗？

杨大爷：嗯，有不熟悉的，路过的、外单位的，问个什么事的，称呼

第十一章 风光不再，不可强求——新形势下"同志"的功能再定位

"同志"。

采访者：那工作过程中有陌生人寻求帮忙都怎么称呼您？

杨大爷：有称呼"大爷"的，有称呼"同志"的。还有称呼"师傅"的，各种各样的称呼都有。

采访者：您习惯别人喊您"同志"吗？

杨大爷："同志"这个称呼吧，过去社会很多人都是喊"同志"，现在逐渐地少了，一般地都喊"大爷""师傅"啊。新称呼多了，喊"同志"的少了。

采访者：那您更喜欢什么称呼呢？

杨大爷：我们年纪大的吧，还是按照习惯，过去喊"同志"比较正规。

采访者：那您称呼别人也是喜欢喊"同志"吗？

杨大爷：我称呼别人最多的时候也是喊"同志"，这是老习惯，一般称呼陌生人"同志"比较多。

但年轻人在日常生活中会对"同志"有陌生感和距离感。下面是一位网友的经历分享：

（例101）前几天在路上走着，一对老人上来向我问路，开口就是一句"同志，请问××路怎么走"，刚听到的时候我愣了下，要不是他们挡在我面前我保准不会认为是在叫我。反应过来以后，我又觉得有些搞笑，毕竟除了在一些抗日神剧里我还真没在现实生活中听到过"同志"这个称呼。看了看这对老人的年纪，估计他们年轻时

候习惯了这种称呼。回来后,想起这段又觉得"同志"这个称呼挺好,男女老少都适用,要是能重新流行起来我就不用再为碰上各种年纪的女性不知道该叫什么的问题发愁了。(天涯论坛,2015-07-22)

1979年版《辞海》对"同志"的解释:①志趣相同的人;②政治理想相同的人,同一政党成员之间相互的称谓;③我国公民彼此之间的一般称谓。但1999年版的《辞海》则只保留了前两项解释。

近些年,作为社会通称,"同志"的使用频率进一步下降。广州的赵先生在访谈中表示"在广州,'同志'在非正式场合几乎绝迹。如果不是党中央号召党内称'同志','同志'在正式场合可能也会被边缘化。"下面是一位公交司机的回忆:

(例102)昨天一位中年乘客问我:"同志,咱的车末车几点发的?"回答完之后,我好长时间在琢磨。他叫我同志,这称呼多少年没听过了,怎么想也别扭,听惯了驾驶员师傅,或者司机师傅、直接叫驾驶员、司机,被他叫同志,别扭。(百度贴吧,2012-11-09)

另外,"同志"的传统语义受到了同性恋者语义的冲击,交际中时常会引起误会。

(例103)外出去上海游玩,向一位男青年问路。不知道怎么称呼,思来想去,我自认为不失礼貌地问道:"同志,请问×××怎么走?"

没想到对方很生气:"你叫谁同志呢,你才同志呢……"为此,一词我既不解又委屈,我都三十好几了叫大哥显然不合适,素不相识的人叫兄弟又太轻浮、太虚伪,"同志"一词莫非有什么特殊含义?之后我搜索了"同志"一词的新含义,结果让我大吃一惊。原来从20世纪90年代起,同性恋被简称为同志。不知道这个真是尴尬。(网易论坛,2007-05-23)

由此看来,在现实的交际中,"同志"已经没有像从前一样单纯。其实,判断"同志"的意义要看语境。在正式场合,一般是它的传统意义,要么指同一政党成员,要么用作通称。在讨论性别、性取向话题时,就有可能是同性恋的意思了。现在要细问,"同志"是怎么就生出一个同性恋的语义呢?

(四)指称同性恋者

1989年,在筹备香港第一届同志电影节时,主办人林奕华和林迈克首次将英文词 Gay 和 Lesbian 翻译为"同志"。

新语义启动的社会动机是为同性恋群体争取平等的权利,争取其性取向和性别身份得到社会的认可。林奕华本人曾表示:希望社会将讨论的焦点从性取向转移到性别议题。此后,许多关注各种不同性别议题的人士都希望能用"同志"一词联结、包含或代表更多人。从此,"同志"便逐渐演变为同性恋者,甚至是国际上 LGBTQ 五大群体的代名词,即 Lesbian(女同性恋者)、Gay(男同性恋者)、Bisexual(双性恋者)、Transgender(跨性别者)和 Queer

（对其性别认同感到疑惑的人）。之后便出现了"直同志"（是指认同同志、对同志友善、颠覆性别霸权位置的异性恋者）、"跨性别同志"等更多的组合用法。但值得强调的是，"同志"被用作同性恋者时，它很少被用作面称来当面称呼他人，只是一个背称，多是"某某是一个同志""某某参加了一个同志团体"这样的用法。

当前，网络上有大量"同志吧、同志酒吧、同志文学、同志电影、同志App、男同志、同志论坛"等用法，同志的新语义就像一个强势模因，极具组词和传播能力。

"同志"意味着志同道合。这一点在任何时代都没有改变。只是对于"志同道合"，不同时代的人们有不同的理解（李明洁，1996b）。"同志"经历了同性恋的语义转移，可以被视为词义的包容性被不断拓宽。这一点带有鲜明的时代烙印，它见证了整个世界范围内性别认同的深刻变革，体现了现代观念与传统观念之间的博弈。但时下，同性恋语义依然是它的非主流语义。在笔者的全国调查中，47%的人认为"称呼同一政党成员"是"同志"的首要语义成分。仅13%的人认为"同性恋人士"是其首要语义成分，但这一比例不容忽视，预计它会进一步冲击"同志"的传统意义。下面是对一位中年男士的访谈，从中可以窥见同性恋新语义对传统语义的冲击力度。

（例104）[2017-08-20，受访者：男，51岁，地点：北京。]

采访者：您好，我们正在做一个关于称呼语使用的社会调查，可以向您提问几个关于称呼语使用的问题吗？

受访者：行。

第十一章 风光不再，不可强求——新形势下"同志"的功能再定位

采访者：请问您今年多大年纪了？
受访者：51。
采访者：第一个问题，关于"同志"这个称呼语，请问您最近还在使用吗？
受访者：这个称呼语，基本上不使用了。
采访者：那您听过有别人使用过这个称呼语？
受访者：周边有的人用，很生疏的人才用，反正基本不用了。
采访者：那您怎么看待同志这个称呼语现在没人用了这个现状呢？
受访者：哎呀，社会风气有点……自从有了同性恋和这个称呼有关联后，就很少有人用了。要像之前没有这个说法，我觉得用同志还挺亲切的。
采访者：如果就这样称呼别人的话就容易引起不必要的误会是吗？
受访者：对。

网络上不少网友也分享了类似的见闻：

（例105）"同志"这个词也是轻易用不得的。有一位老大爷在火车站买票，对工作人员说："这位女同志，请给我一张到秦皇岛的卧铺。"工作人员很礼貌地递给他票。排他后面的是一小伙子，小伙子一时没想到合适的称呼，也学前面的老大爷，冲工作人员说道："同志，我……""别叫我同志，找同志也不看对象。"工作人员没等他说完，就火了。小伙子立即窘得脸发红，旁边的人哄笑一片。（微博，2011-06-28）

审视"同志"在现实生活遭受的冷遇,结合我们调查发现它使用频率排在倒数第一的数据,说明这个称呼语已不再广泛地作为社会通称使用。许多上了年纪的人怀念它可以理解,但强求它重回中国人的日常生活可能是不顾现实、一厢情愿的想法。

三、中国共产党对党员干部称呼的规划历史

纵观中国现代(尤其是当代)以来的历史,可以说中国政府部门对汉语称呼语有过规划,但主要是对中共领导干部的称呼语提出过内部要求,规划的形式主要是中共中央文件、国家领导人的态度、中国部分省市党委,以及一些党媒的表态和呼吁。下面按照时间顺序梳理一下。

(1)1921年中共一大通过的党纲第四条:"凡承认本党党纲和政策,并愿成为忠实的党员者,经党员一人介绍,不分性别,不分国籍,都可以接收为党员,成为我们的同志"。(这是中国共产党在正式文件中最早使用"同志"一词,并赋予其新的含义,表明党员之间是为共产主义理想而奋斗的伟大目标下的一种新型关系。)

(2)中国共产党及其领导的抗日民主政权在陕甘宁边区扎根稳定之后,在干部称呼上出现了与优良传统相背离的现象,刘少奇及时注意到这个问题。1943年10月6日,刘少奇在中共中央政治局扩大会议上指出:我们"应该有意识地造成健全的布尔什维克传统……发言一律称同志,不称首长"。

(3)1949年后,"同志"迅速成为标准、正确的政治称呼。党的第一代领

第十一章 风光不再，不可强求——新形势下"同志"的功能再定位

导集体特别钟爱"同志"一词。1959年8月3日，毛泽东致信刘少奇、周恩来等同志，建议党内一律用"同志"称呼，不要以职务相称。

（4）1965年12月14日，中共中央发出《关于党内同志之间的称呼问题的通知》，要求"今后对担任党内职务的所有人员，一律互称同志"。（互称"同志"、不叫官衔，是一种党内关系对等性的体现，然而，"文革"爆发了。"文革"期间，党员干部以职务、官衔相称的情况施虐，"同志"称呼黯然失色。）

（5）"文革"结束后，党中央立即规范领导干部称谓。1978年12月召开的具有划时代意义的中共十一届三中全会的公报中曾经明确规定，"党内一律互称同志，不要叫官衔。"

（6）武汉冶金设备制造厂一名普通职工于1984年4月写给邓小平的信中写道："小平同志：我这样的称呼，似乎不太礼貌，若有不妥之处，请给予责备。"邓小平给这一称呼做了批示："头一次看到这样的称呼，我很喜欢，酌重处理！"

（7）从20世纪90年代末开始，沿海地区党员干部开始称呼领导为"老板、老大"，并且呈现愈演愈烈之势。

（8）2003年3月，中共上海市委办公厅专门下发《关于进一步继承和发扬党内互称同志优良传统的通知》，要求广大共产党员特别是党员干部，始终牢记"两个务必"，牢固树立正确的权力观、地位观、利益观，甘于当公仆，甘为孺子牛，自觉继承和发扬党内互称同志的优良传统，做到对担任党内职务的所有人员一律称为同志，党内行文或报送其他书面材料也按此办理……有一些同志有所淡忘，对党内同志之间的称呼问题不很注意，互相交谈和行文往往以"书记、部长"等职务相称。针对这一现象，市委主要领导同志最近要求有关部门抓一下党内互称同志这一问题。

（9）2004年2月，四川省人大代表曾朝章在省十届人大二次全会上发出呼吁并向大会提交建议"应该禁止党政部门人员称兄道弟"，他指出：一些人见面或谈工作时，不是称"同志"，而是满口的"大哥、老弟"；对上级不叫"领导"而叫"老板"，甚至有的人还直接叫"干爸、干妈"。省委省政府要采取有力措施，杜绝这些现象，对于一意孤行者，应给予纪律制裁，以正党风、政风和民风。

（10）《人民日报》2013年10月10日发文《党内称谓容不得江湖气》指出，裹挟着浓厚封建陋习的"老板、总管、大哥"等庸俗化的称呼，在某些部门或单位已渗透到党内。称谓折射作风，称谓关乎作风，这种"社会病"的滋生与蔓延，直接导致人们对"同志"这一称谓的冷落与"同志"观念的消减。称谓日渐染上"江湖气"。党员干部从形象上、称谓上坚持原则，是加强和改进作风、密切联系群众的需要，也是党内生活的一种具体体现。称谓容不得半点"江湖气"，党内称谓关乎转作风。

（11）2014年5月14日，广东省纪委的一则"关于严明党政机关工作人员之间称呼纪律"的通知，引起广泛关注。在这则通知中，广东省纪委提出：部分党员干部把同事、同志间的称呼庸俗化，称领导为"老板、老大"、称下属为"哥们、兄弟"等，破坏党内民主，损害公仆形象。严明党政机关工作人员之间称呼纪律，党政机关工作人员之间一律不准使用"老板、老大"等庸俗称呼。

（12）2016年10月27日，中国共产党十八届六中全会审议通过的《关于新形势下党内政治生活的若干准则》规定："坚持党内民主平等的同志关系，党内一律称同志"。

(13) 2017年8月13日，甘肃省武威市政府发文"着力构建清清爽爽同志关系"。文件指出：良好的政治生态对于党的作风建设、全面从严治党具有重要意义，党内要讲政治规矩。党内互称同志就是党内良好政治生态的重要表现，是党的重要政治规矩。全市广大党员要认真贯彻落实中央要求，切实增强党员干部的平等观念，着力构建清清爽爽的同志关系，努力营造党内民主的良好风气。在党内活动、党内行文中，凡涉及党员领导干部的，要一律互称同志，不称呼职务，不加尊称，确需称呼职务的，要按照"职务+姓名+同志"……

(14) 2019年8月，新华社在《新闻阅评动态》第315期发表《新华社新闻报道中的禁用词（第一批）》中规定了媒体报道中的禁用词：对国内领导干部和国有企业负责人，不使用"老板"。另一条，在媒体通稿报道中，不使用"男神""女神"等词汇。

可见，中国政府对中共党员领导干部的党内称呼不断告诫和要求。

四、"同志"用法再定位之我见

"同志"在生活中的流通率已大大降低。这一变化反映了新时期人们对人际关系的重新调整与思考。确实，时代变了，新时期人际关系发生了变化，人们的关系比较和谐融洽，不似以往那样严肃，再加上它自身经历了语义转移，受到了同性恋新语义的冲击，"同志"可能已经不再适用于新时代老百姓的社交生活。

我们可以怀念某些值得推崇的品质，但无法阻挡这一称呼语远去的脚步。

实际上它已淡出了老百姓的日常生活。下面是我们 2016 年 1 月对外交部一位张科长的访谈对话:

(例 106) [2016-01,受访者:男,30 岁,电话采访。]

采访者:我们想知道"同志"在党政机关还用吗?

张科长:用得挺少的,如果说以前很常用的话,现在可能也就在极
　　　　个别的场合才会用到。

采访者:那您觉得这个原因是什么呢?

张科长:原因很多方面的,主要是现在大家彼此之间的关系更平等。

采访者:嗯,可是,如果互称同志不就能更好地体现平等性吗?

张科长:并不是,会显得有距离感。

(刘永厚、郑双,2017)

胡范畴(2000)指出,现代汉语是全体汉语使用者的汉语,不是一部分人的汉语。随着海内外华人交往的日益密切,我们无法确定该称谁为"同志"、又不该称谁为"同志"时,这时候,"同志"已不宜用作泛尊称。

正因为此,"同志"的用法和功能必须重新定位,让它依然充当一个充满正能量的语言符号。

第十二章 走向文化纵深
——"先生、女士"正式优雅类称呼让人心生美好

很多时候,一些管理正规的企业单位对其员工在工作场合的称呼有具体的规定。本章开始先看两个交际场景。

(例107) [观察时间:2017-09-01,地点:北京市昌平区天通苑西单购物商场某服装店。]

顾客:这位大姐,帮我拿一下那双鞋,我穿37码,谢谢。

店员:您好,稍等一会儿,现在去库房给您找一下……美女,您的鞋找来了,您试一下吧。

顾客:好的,谢谢。

……

顾客：姐，帮我包一下这双吧，谢谢。

店员：好的，美女，还有其他的需要吗？您再看看其他的鞋子，看看有没有合适的。

顾客：没了，谢谢。您帮我包起那双鞋就好了。

店员：嗯，好的，这双鞋挺漂亮的。

（例 108） [观察时间：2017-08-04，地点：北京某星巴克店。]

店员：您好，请问需要点什么？

顾客：嗯，我要一杯摩卡星冰乐最大杯，还要一杯最大杯的抹茶星冰乐。

店员：您要不要试试看我们的新品 Flat White 呀？还不错哦。

顾客：不用了，谢谢。

店员：那女士，您还要来点甜点吗？

顾客：不用了，谢谢。

店员：那行，就摩卡星冰乐、抹茶星冰乐最大杯，真的不用再点多份甜点吗？有送土司喔。

顾客：真不用，我吃了东西了。

店员：那女士您有星享卡吗？可以积分。

（递卡……服务员大喊：罗女士，大摩卡星冰乐、大抹茶星冰乐）

店员：好的，稍等，一共××元。您可以到前面等一下取餐，谢谢。

这两个交际场景我们都比较熟悉。同是买卖场合，第一个对话中商场鞋

第十二章　走向文化纵深——"先生、女士"正式优雅类称呼让人心生美好

店的销售和顾客双方都使用了随意亲切的拟亲属称呼"大姐""姐"和社会通称"美女";而第二个对话中,星巴克的员工对顾客使用了比较正式的"女士"称呼词。二者的差异原因可能来自工作单位的要求和员工培训等,鞋店对员工的称呼行为可能没有要求,比较随意,而星巴克作为一家连锁公司,有自己的企业文化,管理方对员工对顾客的称呼有明确的规定。

在一些特别正式的工作和社交场合,我们总是能听到"先生、女士"这样的称呼,本书将它们归类为正式优雅类称呼语,它们在汉语称呼语系统中具有独特的地位,发挥着不可代替的功能。

一、"先生、女士"的语义演变史

(一)"先生"的语义变迁

《现代汉语词典》(2016)中"先生"的释义:①老师。②对知识分子和有一定身份的成年男子的尊称(有时也尊称有身份、有声望的女性)。③称别人的丈夫或对人称自己的丈夫(都带人称代词做定语)。等我先生回来,我让他马上去找您。④(方)医生。⑤旧时称管账的人。在商号当先生。⑥旧时称以说书、相面、算卦、看风水等为业的人。算命先生。

在《辞源》的释义中,"先生"最早是单音字"先"和"生"的连用,"始生之子,今犹言头生"。《诗·大雅·生民》:"诞弥厥月,先生如达",这里"先生"指最先出生的孩子。

大约到了先秦,"先生"开始具备称谓语的特征,起初用于指称"父兄",如《论语·为政》:"有酒食,先生馔,曾是以为孝乎?"此后,"先生"又逐渐演变为对年长有学问之人和老师的尊称,如《孟子·告子下》:"先生将何之?"《礼记·曲礼上》:"从于先生,不越路而与人言"。

除此之外,"先生"也指文人学者的自称及妻子对丈夫的称呼,如《史记·三代世表》中"张夫子问诸先生曰",《列女传·二楚于陵妻》中"妾恐先生不保命也"。旧时算卦的、行医的、管账的,甚至当官的、出家的和为娼的都在"先生"指称范围之列(李明洁,1998)。

到了近代,"先生"这一称谓语在学问和德望方面的专指之义逐渐消失,开始用以称呼有文化、社会地位较高的人,在社交场合的使用频率居高不下。这一时期的"先生"作为雅称,主要用来称呼老师及有学问、身份和地位的男子,但也用来称呼学术界、知识界和文化界那些享有极高声望的专家学者,不分男女(李明洁,1998),如"宋庆龄先生、冰心先生、杨绛先生"等。

中华人民共和国成立前,"同志、先生"和"师傅"各司其职,分别指称党内人士、文化人士和传授手工技艺之人。中华人民共和国成立后乃至改革开放前,"先生"这个称呼,"曾一度将下层劳动人民完全排斥在外,成为一个特殊的言语社团或者阶级的专用语,已经被打上了深深的阶级烙印"(张微,2009:78);后天又先后受到"同志、师傅"等通称的排挤而陷入低谷,除保留其最基本的"老师"含义之外,仅用于少数群体,如外宾、著名的民主党派人士等。

改革开放尤其是20世纪80年代以后,"先生"进入复苏期,泛化为对一般男性的尊称,在演艺界、商业领域及服务行业等盛行,时至今日,"先生"

第十二章　走向文化纵深——"先生、女士"正式优雅类称呼让人心生美好

总体上在中国社会使用频率并不高。在第三章的全国性调查中，"先生"的使用频率仅接近"偶尔"。而且使用对象主要是社会地位看上去相对较高的成年男性。随着社会的发展，它的使用范围有待于进一步扩大。

（二）"女士"的语义变迁

在北京大学中国语言学研究中心古代汉语语料库中，输入"女士"一词，在古代汉语中得403条结果。其中，约96%的例子出现在清末和民国初年；在现代汉语中得12159条结果（2019年8月的数据）。

"女士"一词，最早在先秦作品中就已经出现，始见于《诗经·大雅》中的《既醉》篇："其仆维何，厘尔女士。"《辞源》（第三版）认为"女士"在这里表示具有士人操行的妇女。

唐朝佛教盛行，统治者推崇佛教，整个社会对佛教人士都是比较尊敬。唐朝时期的"女士"用法多发现在墓志铭中，指女性佛教修行者，是对女子的一种赞颂。例如，唐张说《荥阳夫人郑氏墓志铭》："衣冠礼乐，耳目所徵，号之诸生，实为女士。"

明清时期，"女士"词义呈现多样化，其使用频率也有所增加。从语料分布上看，它在书面语中已被大众所接受，在日常口语中已经有经常使用的可能，但是语义会受到语境的限定，且彼此之间差别较大。可见，在这段时期，"女士"的意义并未稳定下来（吴琼，2016）。可见下面几例用法：

（例109）我幼年曾在行学三件事：第一写字读书，第二书符咒水，

第三算命起课。我今日却用着卦盘,可同顾一郎出去寻个浮铺,算命起课,尽可度日。……寻得卦铺,买些纸墨笔砚,挂了牌儿。拣个吉日,去开卦肆,取名为"白衣女士"。(《警示通言》卷三十九)

(例110)安垝第的前后,又有许多欧美各国的女士,也有设着博彩摊的,也有卖点心食物的,大半都是些少年貌美的人……(《九尾龟》第一百八十八回)

(例111)我跟金女士是朋友,什么解释全是多余的。(洪深《少奶奶的扇子》第二幕)

(例112)与诸女士茶话良久,知是大家闺秀。(清袁枚《随园诗话补遗》卷五)

(例113)毗陵女士沈琼枝,精工顾绣,写扇作诗。(《儒林外史》第四十一回)

例(109)中的"女士"一词指的是会卜卦,从事替人算命工作的女子;例(110)~(113)或者指中年女子,或者指有文化、会作诗、有才艺的女子,各种用法皆为尊称。

到了民国时期,"女士"一词的意义和用法已基本稳定了下来,一般用作对女子的敬称。时至今日,《现代汉语词典》(2016)对"女士"的释义只有一个：对妇女的尊称。其意义明确，而且是一个褒义词，用来称呼不确定婚姻状况的女性。

二、"风雅颂"语体之说

《诗经》在我国诗歌史上占有重要地位，对我国后世的诗歌和整个文学创作都产生了巨大影响。它收集了自西周初年至春秋时期大约五百多年的三百零五篇诗歌。内容上分为风、雅、颂三部分，其中"风"是地方民歌，有十五国风，共一百六十首；"雅"主要是朝廷乐歌，分大雅和小雅，共一百零五篇；"颂"主要是宗庙乐歌，有四十首。可以说，风、雅、颂是诗经的体裁，也是诗经作品分类的主要依据。《诗经》的体裁对于现代汉语的语言规划具有重要启示。冯胜利（2016）认为，《诗经》的三体反映的是语体的机制："风"为通俗随便；"雅"为正式严肃；"颂"为敬畏庄典。

笔者认为，风、雅、颂的三维语体机制过于苛刻，未必适用于现代汉语。但一门较完备的语言应该至少具备风、雅两维语体机制，可称其为通俗随便体和正式优雅体，其区分标准就是根据适用场合的正式程度。充足的词汇和语法资源能够为语言使用者提供用于不同场合的不同语体选项，从而满足不同场合的语言生活需求。通俗随便类称呼语用在大众的日常工作生活中，正式优雅类称呼语用在正式严肃的场合。然而，就现代汉语称呼语而言，现实的情况是，通俗随便类称呼语数量庞大，但常用的正式优雅类称呼语却数量不足，抑或说使用不够普遍。

通俗随便类称呼语可分拟亲属称呼语和社会称呼语两小类，后者如"哥们儿、美女、帅哥、亲"等。

现代汉语称呼语系统常用的正式优雅类称呼语数量有限,目前主要是"先生、女士、小姐"。其中,"先生、女士"在整个社会层面不够普及,而"小姐"目前社会争议大,前景堪忧。除此之外,"夫人、太太"等用得比较少。"阁下"是一个正式优雅的汉语称呼,在外交场合和奢侈品广告中时常听到,如"大使阁下、首相阁下"。此外,还有"尊驾、大驾、足下"等目前使用频率较低的敬语。

若一门语言缺乏正式优雅类社交称呼语,或者这类称呼语的使用范围不够广泛时,势必会导致人们在正式的场合缺少合适的称呼语可用,或者使用不得体的称呼语,结果导致交际失败。当然,优雅类称呼语不应该以数量多少来取胜,更重要的是其功能定位准确。邵敬敏(2009)使用了这样一个例子:

(例114)我是在座唯一的女士,坐在主宾右侧,待总编先生敬完主宾果汁后,便把目光转向了我:美女,敬你!这个称呼让我顿生轻慢之感:我有名、有姓,也有职衔,在这样一个虽然友好但也比较正式的场合,他怎么会这样称呼?他只是不知道在这样的场合、对一个他没有熟悉到可以开玩笑、调侃的女士这么称呼,其实是不妥当的、不得体的,丢的是他的人。(四川网通博聊社区,2009-01-11)

此例中,当事人是位女士,她对某主编在正式宴会上称呼她"美女"大为不满。其原因就是"美女"不是一个正式优雅类称呼语，不适用于这个正式的宴会场合。这些时候就知道正式优雅类女性称呼语对于人际交流的顺畅进行是何等重要！

三、正式优雅类称呼语的语用优势

正式优雅类称呼语具有两大优势，一是它适用于正式场合，二是它能凸显被称呼者，甚至称呼者的个人修养，它甚至能包含说话人对被称呼者个人修养的期待。

（一）正式场合的得体称呼

语言首先具有标记功能，正式的称呼语是正式场合的标记，"先生、女士、小姐"等称呼语是正式和优雅的象征。

下面是一个网友分享他被称作"先生"的喜悦心情，是正式优雅类称呼语的得体使用案例。

（例115）我第一次感觉"先生"的称呼挺好是在昆明。那是很早之前去谈一个业务，但我无职无衔，初次见面他若直呼我名字之类，我也别扭。但对方说："汤先生"，如何，如何。感觉也不大的昆明还是要比更小的南阳文明啊。（大河论坛，2012-08-30）

这个例子说明了"先生"这个面称在这个交际场景中得体和讨巧。

（例116）现在称呼别人"帅哥""美女"简直是脱口而出，今日一香港客人同我打招呼"小姐，你好"，好久没听过"小姐"，突觉有点清新，有点斯文。（新浪微博，2018-06-08）

（例117）本周，北京公交公司的员工们被要求用"女士"和"先生"代替过时的"同志"来称呼乘客。《北京青年报》引述一名公交系统负责人的话说："先生"和"女士"更好地反映了现代服务理念。（2010-06-07）

可以看出，语言还具有建构功能，说话人也具有主体性，正式的言语可以使场合严肃而庄重，优雅的称呼行为可以提升交际的层次，表达说话人的礼貌，辅助交际双方协商人际意义。

（二）凸显被称呼者的修养

称呼语的内涵丰富，不同类型称呼语的语言价值和背后的观念迥异。假如将职衔称呼语和社会称呼语作一对比，可以说职衔类称呼语凸显被称呼者的职位和权势。用职衔称呼他人，优先尊重的是对方的职位；用雅称称呼他人，优先尊重的是对方的修养。

第十二章 走向文化纵深——"先生、女士"正式优雅类称呼让人心生美好

同时,使用优雅称呼语也能折射出说话人的个人涵养,且看一位网友的感受:

(例118) 我喜欢别人叫我的两个称呼:一个是花花;一个是何小姐。其中最喜欢的就是何小姐,观察到叫何小姐的都是很有礼貌的人。第一次见面或第一次通话,称呼何小姐的,那他的人品性格也不会差到哪里去。(新浪微博,2018-06-22)

"先生、女士"这样的优雅称呼也包含着对被称呼者的人格期待。如果每个人都努力提升自我的个人修养,争着做"谦谦君子",这样整个社会的格调就提升了。

所以,我们应该扩大"先生、女士"的使用场合和适用对象,让它们褪去权势的外衣,更多用在日常交际中。左思民(2000)对此早有呼吁:希望"女士"和"先生"早日突破种种局限,扩大使用功能,填补缺门,成为人人喜闻乐用、得体大方的通用称呼语。陈晓春(2005)认为,建立一种新的现代汉语敬语系统和国际接轨是非常必要的。笔者认为推广"先生、女士、小姐"等正式优雅类称呼是与国际接轨的必经之路,而且在全球大华语时代,雅称有助于国际沟通和跨文化交流。

正式优雅类称呼语有地区和阶层差异,它可以视作一个地区的经济发达程度和现代化文明程度的象征,目前在大都市、经济发达地区用得较普遍,在农村较少使用。下面是对河北省邢台市区62岁李先生的访谈:

(例119)[2017-08-31,受访者:李先生,62岁,河北邢台市人,电话采访。]

采访人:那您平常走在路上,别人会怎么称呼您?

李先生:称师傅或者同志。

采访人:那您听到这样的称呼有什么样的感受呢?

李先生:平易近人,应该的嘛,相互尊重,一种平常的礼节。

采访人:那先生、小姐、女士有没有?

李先生:很少用,基本上不用。在咱们当地,这种风俗很少的,都是师傅、同志。那先生、小姐都是在外面大城市或者南方比较普遍的。

"先生、女士"类正式优雅称呼语适用于比较庄重的场合。2014年11月9日亚太经合组织工商领导人峰会开幕式在国家会议中心举行,习近平发表题为《谋求持久发展 共筑亚太梦想》的演讲,他在开场白中使用的称呼语是"尊敬的智利总统巴切莱特女士,尊敬的世界贸易组织总干事阿泽维多先生,女士们,先生们,朋友们"。除了对参加开幕式的两位高级别人物单独致敬外,对在场的其他听众也使用了正式称呼语,广受好评。如果被称呼者职务相同,一般按照女士优先的原则先称呼女性。

在我们对2100人全国性的调查中,赞同"先生、女士"为男女泛尊称的比例很高。83.14%的人愿意接受"女士"作为成年女性的通称,86%的人愿意接受"先生"作为成年男性的通称。两个面称词的社会评价如此之高,具有很好的推广基础。

四、现代汉语应推广敬语和谦辞

过去几十年,汉语称呼语出现一种庸俗化的势头,"小姐"语义继续降格,使用频率不断下降。"美女、帅哥"泛滥成灾,尤其是"美女",一些素质高的年轻女性对其唯恐避之不及!

(例120) 像"美丽的小姐"这样的称呼,偶尔听到竟然会让人有一种恍如隔世的感觉。像"帅哥、美女"这样的称呼已经让人感到麻木了。(新浪微博,2018-05-30)

郭熙(2019:23)认为,过去70年中国语言生活的一个总体特征是"从俗从众":"在讨论70年语言生活的时候,有一个话题不应该避开。近年社会上一个流行的说法是大陆的语言使用没有台湾典雅。其实这也涉及语言使用的取向问题。大陆的规范倾向是崇俗从众,特别重视广大群众语言的使用,重视和人民群众的语言沟通,这显然与社会背景有关。与此同时,研究也发现,大量的新语言现象良莠不齐,低俗现象屡禁不止……引起了人们的关注和忧虑。"李宇明(2019)在"2019海内外中国语言学者联谊会"上指出普通话致力于"重建礼貌语体和典雅语体"。

笔者认为为了避免汉语"以粗俗为荣"的负面后果,我们应该通过语言规划适当推广中国人日常工作生活中可以使用的汉语敬语和谦辞,提升语言优雅度,一个容易操作的做法就是恢复和启用部分旧称。陈建民(1989)很早就呼吁根据需要,适当启用封闭多年的社交称谓词,借以克服社交称谓的混乱和缺环现象。

我们先回顾一下汉语固有的敬语与谦辞（部分内容来自百度文库❶）。除了面称词外，自称及与称谓语相关的部分敬语、谦辞也列举出来。

（一）敬语

1."令"

敬语。凡是称呼别人家中的人，无论辈分大小，男女老少，都可冠以"令"字，表示尊敬。如：

令尊：对别人父亲的尊称。

令堂：对别人母亲的尊称。

令兄、令妹：对别人兄妹的敬称。

令郎：对别人儿子的敬称。

令爱（令媛）：对别人女儿的敬称。

令亲：对别人亲戚的敬称。

2."仁""贤"

称呼对方，多用于平辈或晚辈，如：

仁兄、贤弟、贤侄。

---

❶ 中国敬语谦辞大全 [EB/OL]. (2016-09-30) [2022-03-09]. https://wenku.baidu.com/view/355f83125ef-7ba0d4b733bcc.html.

3. 其他类敬语称谓

阁下、足下：尊称听话人。

大驾、尊驾：尊称对方。

千金：尊称别人女儿。

丈人、岳父、泰山：尊称妻父。

恩师、先生、师傅：尊称老师。

贵姓、尊姓大名、芳名（对女性）：询问对方姓名。

高寿（高龄）、贵庚、芳龄（对女性）：询问对方年龄。

贵宾：尊称登门来客。

夫人、尊夫人：称他人妻。

伉俪：美称夫妻。

4. "惠"

敬辞，用于对方对自己的行动，如：

惠临、惠顾：指对方到自己这里来。

惠存：请别人保存自己的赠品。

5. "垂"

敬辞，用于别人对自己的行动，如：

垂问、垂询：指对方询问自己。

垂念：指别人想念自己。

6. "赐"

敬辞，指所受的礼物，如：

赐教：别人指教自己。

赐复：请别人给自己回信。

7. "请"

敬辞，用于希望对方做什么事，如：

请问：希望别人回答。

请教：希望别人指教。

8. "高"

敬辞，称别人的事物，如：

高见：指别人的见解。

高论：别人见解高明的言论。

高足：尊称别人的学生。

高寿：用于问老人的年纪。

高龄：用于称老人的年龄。

高就：指人离开原来的职位就任较高的职位。

9. "华"

敬辞，称跟对方有关的事物，如：

第十二章 走向文化纵深——"先生、女士"正式优雅类称呼让人心生美好

华翰：称别人的书信。

华诞：别人的生日。

（二）谦辞

谦辞，是人们日常交际和书信往来中必不可少的表示谦虚的言辞。

1. "家"字一族

用于当着别人的面称自己长辈和年长的平辈的谦辞，如：

家父、家尊、家严、家君：称父亲。

家母、家慈：称母亲。

家兄：称哥哥、兄长。

家姐：称姐姐。

家叔：称叔叔。

2. "舍"字一族

用于对别人称自己的辈分低或年纪小的亲戚，如：

舍弟：称弟弟。

舍妹：称妹妹。

舍侄：称侄子。

舍亲：称亲戚。

3."小"字一族

谦称自己或与自己有关的人或事物，如：

小弟：男性在朋友或熟人之间的谦称自己。

小儿：谦称自己的儿子。

小女：谦称自己的女儿。

小店：谦称自己的商店。

4."老"字一族

用于谦称自己或与自己有关的事物，如：

老粗：谦称自己没有文化。

老朽：老年人谦称自己。

老脸：年老人指自己的面子。

老身：老年妇女谦称自己。

5."敢"字一族

表示冒昧地请求别人，如：

敢问：用于问对方问题。

敢请：用于请求对方做某事。

6."愚"字一族

用于自称的谦称，如：

第十二章 走向文化纵深——"先生、女士"正式优雅类称呼让人心生美好

愚兄：向比自己年轻的人称自己。

愚见：称自己的见解。

7."拙"字一族

用于对别人称自己的东西，如：

拙笔：谦称自己的文字或书画。

拙著、拙作：谦称自己的文章。

拙见：谦称自己的见解。

拙荆：对人谦称自己的妻子。

8."敝"字一族

用于谦称自己或跟自己有关的事物，如：

敝人：谦称自己。

敝姓：谦称自己的姓氏。

敝处：谦称自己的房屋、处所。

敝校：谦称自己所在的学校。

9."鄙"字一族

用于谦称自己或跟自己有关的事物。如：

鄙人：谦称自己。

鄙意：谦称自己的意见。

鄙见：谦称自己的见解。

值得注意的是，以上敬语和九大家族谦辞都收录在《现代汉语词典》（2016）中。所以，这些敬语谦辞其实从未曾真正离开过我们。《人民日报》官网人民网 2019 年 2 月 6 日发布微博祝福中国年："那些快要失传的中华礼仪用语，你还会用吗？"敬辞，除了张口就来的"您"，你知道尊上、令堂、仁公吗？谦辞，除了被滥用的"鄙人"，你知道愚兄、小女、拙荆吗？春节长假，走亲访友不妨用些谦敬词，给自己的表现加分。

另外，我国的义务教育教科书《语文》七年级上册（人民教育出版社，2016）第 31 页专门按照"谦辞类"和"敬辞类"介绍了汉语称谓中的谦称和尊称。人民网的呼吁和义务教育教科书可以代表一种官方的态度。汉语的敬语和谦辞能够极大地丰富汉语词汇系统，适度启用这类当今依然活跃的词汇因子对于解决汉语称谓困境将大有裨益，同时也能够提升汉语的优雅性。汉语的敬语和谦辞就是"古人语言中有生命的东西"，是优秀中华传统文化的一部分，是中华文化的精髓，至今依然在使用，应该将其弘扬和发扬光大。

五、避免汉语及汉语称呼庸俗化和贫乏化

高雅文化元素对每一种文化来说都弥足珍贵。语言只是一面镜子，我们实质上要避免的是文化落俗。

2016 年 11 月 20 日晚，北京卫视《传承者》之"年度意象盛典"璀璨开幕！节目现场，"四大名旦"传人同台演绎"千古绝唱"，让文艺观察员刘仪伟深刻认识到了京剧的优雅与伟大，他力挺"曲高和寡"，认为"一个民族、

第十二章 走向文化纵深——"先生、女士"正式优雅类称呼让人心生美好

一个国家需要很多通俗文化,但也绝对不能少了优雅文化,如果没有一些东西高高在上,那才是可怕的!"

语言是文化的重要组成部分。如果语言系统中缺乏高雅的语言成分,那也是"可怕"的现象。同时,语言可以通俗化,但它绝不等于庸俗化!我们要警惕语言行为的庸俗化苗头。

现代汉语在网络时代和自媒体时代面临着巨大冲击。除了称呼语,语言的庸俗化和粗鄙化也体现在网络语言中。"×丝、×格、×玛"充斥着人们线上的语言生活,这些网络词汇夹杂着语言暴力,严重污染了网络环境。这些污言秽语偏离了我们的社会主义精神文明的主旨,影响了当今中国新时代的整体气质,政府部门已经开始进行语言治理。

媒体语言也出现庸俗化的倾向。黄灵红(2001)指出,网络时代,媒体不可避免地受到来自网络、时尚等多方面的冲击。由于对包括网络在内的流行文化过滤机制的还不够完善,媒体语言在通俗化的同时,出现了个别粗鄙化的势头,媒体语言付出了恶俗化的代价。刘巽达(2012:95)强调防止汉语粗鄙化"最好的保护就是全民崇尚优雅的语言,而媒体责无旁贷地须先'优雅'起来。有了良好的'保护环境',精神层面的价值得以提升,'国中到处谦谦君子'之曼妙图景就指日可待了"。

同时,我们要警惕语言的贫乏化。《光明日报》(2019年4月8日)在讨论语言贫乏化现象时提到:古人形容人漂亮可以用"玉树临风""顾盼神飞",个别现代人只会说"高富帅""白富美";古人表达悲伤用"我心伤悲,莫知我哀",我们只会用"蓝瘦香菇"。

2019年3月,中国青年报社社会调查中心联合问卷网对2002名受访者进

行的一项调查显示，76.5%的受访者感觉自己的语言越来越贫乏了。受访者认为年轻人语言贫乏的表现是基本不会说诗句（61.9%）和不会用复杂的修辞手法（57.6%）。

确实，在线上语言生活中，网民们遇到好笑的事情只会说"哈哈哈"，夸奖别人时是整齐划一的"你真棒"或"棒棒哒"。其他时候，简洁方便的表情包代替了人们的言辞表达。然而，过多使用网络语言和"表情包"，可能会让人遗忘原有的表达方式及其文化内涵。人与人之间的沟通如果过度依赖简单易懂的网络语言和"表情包"，还可能催生一种惰性，即在人际交往中不愿或不能思考、使用更有文化内涵的语言。一个言语贫乏的人，往往意味着思想贫乏。长此以往，整个社会的文化素质必定令人担忧，这对民族文化的传承以及国民素质的提高显然不利（何勇海，2019）。

现代汉语的典雅性问题在2020年的新型冠状病毒肺炎疫情期间被再次提及并放大。疫情发生后，日本的一些机构援助武汉医疗物资，物资上的汉语诗词引发了国人热议，如"青山一道同云雨，明月何曾是两乡""山川异域，风月同天""岂曰无衣，与子同裳"。许多中国人被这种既熟悉又陌生的典雅语言感动。笔者认为雅言俗语各有用途，没有高低之分，不必妄自菲薄。"武汉加油"这样的宣传口号接地气，能够为老百姓理解，能迅速凝聚人心，共克时艰。

光明网评论员（2020年2月12日）写道，只是依据唐诗，让不少人在铺天盖地的所谓"硬核"口号中，看到了一种文明感。这种文明感，在乎语言的体面、情感的深刻、行为的得体；这种文明感，又恰是疫情期间急需强调之事；这种文明感，是对法制的信仰，与同胞的共情，对个体权利的尊重。文明是精致的！

确实，文明的诗句总会让人心生美好，汉语的称呼语亦如此！"美女、帅哥"的全民泛滥何尝不也是体现了称呼语的贫乏？过多使用此类称呼语不仅无法达到真诚的沟通效果，也会有庸俗之嫌，还会催生一种称呼惰性，即不会去揣摩什么样的称呼是得体的，见个女的就喊"美女"，见个男的就叫"帅哥"。

六、称呼文化要崇雅崇典

习近平主席在2016年5月17日"在哲学社会科学工作座谈会上的讲话"中指出，中国特色哲学社会科学要体现继承性、民族性，中华优秀传统文化的资源是中国特色哲学社会科学发展十分宝贵、不可多得的资源。要坚持古为今用、洋为中用，融通各种资源，继承和弘扬中华优秀传统文化精华。

何谓走向文化纵深？纵向学习历史，以求深度和厚重！从中国历史发掘中华文化底蕴，弘扬传统中华文化的精髓，提升全民族的文明素质和国家的文化软实力，建立语言文化自信，使我国成为一个名副其实的文化强国。语言观念是文化的深层符号，政府要通过称呼语规划来引导国人的称呼观念，抵制粗鄙的称呼文化。我们呼唤优雅的称呼文化。

自中华人民共和国成立以来的70余年，知识界向群众学习语言，把党和政府的方针政策很好地贯彻到了群众中，可以说完成了阶段性的历史使命。随着中国扫盲和推普工作取得巨大的成就，随着广大人民群众文化程度的显著提高，在语言规划中我们应当制定下一个目标，充分发挥语言的建构作用，在语言生活中崇雅崇典，崇尚优雅语言，崇尚经典语言。国民要树立使用雅语的语言观念，要从传统文化中汲取养分，因为规范、典雅的语言才有持久的生命力，粗鄙的语言注定没有未来。人人都礼貌优雅待人接物，这对于构建和谐社会具有极大的促进作用。

第十三章 他山之石，可以攻玉
——英汉称呼差异

一、英语的一般称呼方式

与中国人的姓名顺序相反，英美人的姓名是名在前，姓在后，如美国演员 Thomas Hanks，Hanks 是姓，Thomas 是名。因为名排在前，所以英美人的名叫 first name（第一名）。英国人称之为 Christian name（教名），是信仰基督教、天主教的婴孩在受洗入教时所起的名字，而美国人常把它叫作 given name。

英美人的姓，英语叫 family name、surname 或 last name，当然也是用来表明家族属性的。还有些人的名是双名，即在教名和姓氏中间还有一个名，这第二个名字叫作 middle name（中间名），一般是以孩子父系或母系某个人的名字命名，如 Thomas Jeffrey Hanks 的中间名是 Jeffery。英美人在交际场合一般不用中间名。签名时，中间名多用首字母缩写形式。

此外，也有的父母用自己的名字给孩子命名，这时候为了表示区别，常在姓名后分别加上一个 Senior（"大"或"老"的意思，常缩写为 Sr.）或 Junior（"小"的意思，常缩写为 Jr.）。例如，Donald Trump Sr.（大唐纳德·特朗普）、Donald Trump Jr.（小唐纳德·特朗普）。这样的起名方式多出现在大的家族，如洛克菲勒家族等，似乎这样命名能突显家族显赫和人丁兴旺。

在比较正式的场合，英美人通常把 Mr.、Mrs.、Miss、Ms. 与姓氏连用，表示尊敬或礼貌。

Mr. 用在男子的姓之前。12 岁以上的男子都可以冠之以 Mr.。此外，Mr. 还可用于男子职务（如 Chairman，President，Speaker 等）之前，如：Mr.Chairman（主席先生）。Mrs. 用在已婚女性的丈夫的姓前面，例如，Mrs. Hanks 是指汉克斯夫人。Miss 用在未婚女子的姓前面。

当我们只知道一女性的姓名但不确定她的婚姻状况时，可以用 Ms.+姓来称呼她，用来代替 Miss 或 Mrs.，大致相当于中文的"女士"，发音是 /miz/。Ms. 是女权运动的产物。在 1970 年前后的女权运动中，英美国家的妇女们提出，Mr. 是对男士的称谓，但没有说明男士的婚姻状况。"为什么我们的称谓要说明我们的婚姻状况？"于是女权运动者创造了一个 Ms. 这一称谓，既可以用于已婚女士，也可以用于未婚女士。当你不知道女士的婚姻状况的时候，用这个称谓比较稳妥。这个成功的例子说明，当社会出现某种需求时，而某一语言系统本身不够完善，这时候语言规划是非常必要的。

在使用这些称呼时，我们要注意 Mr.、Mrs.、Miss、Ms. 后面接姓氏，不

第十三章　他山之石，可以攻玉——英汉称呼差异

能只接教名。例如，不能称呼 Thomas Hanks 为 Mr.Thomas，不能把 Anna Faris 称为 Mrs. Anna。

在非正式场合，初次见面时不管是介绍别人还是自我介绍，一般只介绍名，很少介绍姓。英美人交往，从第一次见面就开始互称名字，即使是上下级之间、师生之间，也常常是直呼其名，以表示双方关系的融洽、友好和亲近等。尤其是美国人，大多不习惯用 Mr. 和 Mrs.。

人们的称呼行为随关系的亲疏会有一个渐进或渐远的过程。父母叫自己的孩子、亲戚和熟悉的朋友之间相互称呼时常用昵称。这种爱称通常是有规律地从教名缩写简化而来的，还常可以在其后面加 y 或 ie（一般用来称呼孩子）。例如，男子名：Thomas—Tom—Tommy（Tommie）。兄弟姐妹等同辈人之间的称呼一般都使用昵称，不用亲属词。

小孩子称呼自己的父母时，一般用 Daddy、Mummy，稍大一些，改称 Dad 和 Mum，再大一点，可能就会改口叫 Father、Mother。现在也有不少人直接用名字的爱称来称呼自己的父母亲的。孩子称呼别的孩子的父母或父母的朋友等长辈时，一般客气地使用 Mr.、Mrs.+ 姓。如果很熟悉时，也可直呼其名，如 Tom，Nancy 等。要注意，亲属称谓 uncle（叔叔、伯伯等）、aunt（阿姨、伯母等）单独不能被用作面称，一般与名连用，如 uncle Tom's Cabin（汤姆叔叔的小屋）。

另外，英语的 teacher（老师）、secretary（书记）、engineer（工程师）、manager（经理）、director（局长、处长、厂长、主任、导演）等词不能像汉语那样加上姓当职衔称呼用，如一般不能说 Teacher Wood、Engineer Green、Director Stone 等。但是，professor（教授）、doctor（大夫、博士）、mayor

（市长）、president（总统）、senator（议员）、chairman（主席）及一些表示军衔的词可以和姓连用，尤其是在美国，如 Professor West、Doctor Henry、President Biden、Colonel Bates 等很常用。

当我们与一位不知其姓名的男子谈话时，可以单独使用 Sir、Mister 或 Gentleman（先生）。如果不止一位，可使用复数称他们为 Gentlemen（先生们）。如果对方是一位陌生的女士，可以尊称她为 Madam（女士），称呼她们为 Madams（女士们），而不需要考虑她（们）是否已婚。除了 Madam 这个正规的称呼外，我们还经常可以听到有人单独使用口语体 Miss（小姐）这个词去称呼年轻的、看上去还未结婚的女子，但是，称呼者常被认为文化程度不高，Miss 也因此被看作是不标准的称呼语。

下面我们看看英美国家还有哪些值得了解的特色称呼语。

二、英国人的称呼

（一）贵族头衔

英国是一个君主立宪制国家，对王室成员和贵族有一套头衔、敬称。这些头衔烦琐又复杂，但贵族体系里的人对这个体系十分钟爱，大概是因为这些贵族们深知这些头衔对于维系其贵族身份和社会地位的重要性，深谙语言的象征意义。例如，他们对国王或女王称 Your（His, Her）Majesty（陛下），对王室公爵（即国王或女王的子嗣或兄弟姐妹）都称为 Your（His, Her）

（Royal）Highness（殿下）。

英国的封号授予分成七级，分为贵族与平民两大部分。除了英国王室以外，英国的贵族爵位共有五等，依次为公爵、侯爵、伯爵、子爵和男爵。公爵和女公爵（公爵夫人）都被称为 Your Grace（阁下）。除公爵外，所有其他爵位（侯、伯、子、男爵）都被统称为 Lord/Lady [勋爵（阁下）/夫人]。要特别注意，Lord 不是一种爵位，而是一种称呼，与姓氏或职称连用。

除了贵族爵位，英国还有两种封号：准男爵与骑士，属于平民，并非贵族阶层，这两级男性的通用头衔是 Sir（爵士），不能被称为 Lord。Sir 只用在名前面，而不是姓。另外，爵士夫人可以享用 Lady 这个尊称，但后面须加她丈夫的姓氏。

由于英国这些头衔用法复杂，在其他英语国家出错的事时有发生。Mencken（1980）讲述了这样一件事。1925 年，英国爵士 William Craigie 去芝加哥大学访问，该校校报写出了通栏欢迎标题"Chicago Welcomes Sir Craigie and Lady Sadie"。这对夫妇对此大为震惊，因为标题中竟有三处错误：一错是 Sir + 姓，二错是 Lady + 姓，三错是夫人的名字不叫 Sadie，而叫 Jessie。正确的形式应该是"Chicago Welcomes Sir William and Lady Craidie"。美国高校校报上出现这样的错误实在有失体统。

（二）英国人的其他社交称呼

除了这些贵族头衔和敬称外，英国在一般社交场合使用的社会通称主要是 Mr.、Mrs.、Miss、Ms.。对于亲近的人，英国人常用的称呼有 darling、 honey、sweetie、baby、dear 等，这些称呼语可以被译为"亲爱的"，英国人会用这类词语称呼爱人、好友和亲人。英国人有时候也会使用 love 和 darling 来称呼陌生人，就如同今天汉语的"亲"，听起来显得比较随和友好。总之，英国人在日常对话中经常会出现千奇百怪的称呼。

先介绍一个英式口语中很常用的称呼方式 mate。mate 的意思是"朋友、伙伴"，相当于 friend、buddy、chum 和 pal（伙伴），它是男性好友、熟人甚至陌生人之间打招呼的一种常用方式，主要在英国、新西兰、澳大利亚等国家使用。它的词源可追溯到西日耳曼语，意思是肉（meat）。人们共享美食就会渐渐熟络起来，而朋友和美食间紧密的联系正是源于此。比如说 How's goin', mate? 在日常生活中，英国人在和陌生人讲话的时候，也会用到 mate。比如，向陌生人借过的时候：Can I squeeze past you, mate？当今越来越多的女性也开始使用这个称呼词。但要注意：mate 还有"交配对象"之意，所以英语初学者千万别搞错，初到英国时还是要慎用。

英国人在日常会话中会根据场合、对象改变他们的称呼方式。其他英国本土的称呼有 chap、old boy 和 old fruit（朋友）。英国各地区的人们也会使用带有地方特色的称呼语。例如，在英格兰北部的纽卡斯尔地区，人们会用单词 pet 来称呼彼此。在苏格兰，人们把年轻男孩叫 laddy，把年轻女孩叫作 lassie；在苏格兰的格拉斯哥，人们会用 hen 来称呼女性，而在英格兰中部地区，当地人会用 duck 来称呼他人。外国人不要贸然使用这些地方称呼，一定要注意场合和对象，否则可能会引起误会和麻烦。

三、美国人的称呼

（一）美国人称呼的总体特征

由于美国没有世袭制，强调平等，他们的社会等级观念相对比较淡薄，男女老少都喜欢别人直呼自己的名字，并把这视为亲切友好的表示。许多美国人甚至觉得 Mr.、Mrs.、Miss 等称呼太郑重其事了。所以，美国人聚在一起聊天的时候，几乎从不提彼此的头衔。美国人很少用正式的头衔来称呼别人，美国人注重友好的、不拘礼节的关系，而不注重地位头衔。美国人相信自己即使只称一个人的名字，仍一样可以对他表示尊敬。

人们初次见面时，往往是连名带姓一起介绍，譬如说："我叫玛丽·史密斯"，这时对方可以随便叫她"玛丽"或"史密斯小姐"。常见的情况是，交谈之初可能互相用姓氏头衔，过不了五分钟就改称名字了（布朗、福特，1961）。有时刚同一个美国人结识，你可以称呼男士为 Sir，或者 mister，称呼女士为 Miss 或 Ma'am. Mister 是非正式语，同 Sir（先生），是不喊其姓名的直接称呼。例如，watch it, mister!（韦氏英汉大学词典）。Ma'am 发音为 /mæm，ma：m;（弱读）məm/，是非正式语，同 madam（夫人，女士）。当然，你如果觉得直呼其名不好，可以按照你自己的习俗来礼貌地称呼别人，别人也能理解。

但与此同时，美国人却喜欢用法官、高级政府官员、军官、医生、教授和牧师等正式的头衔作为称呼，主要是因为它们是美国人辛辛苦苦"挣得"的，而不是世袭相传的。例如，Senator Smith（史密斯参议员）、Judge Brown（布朗法官）、Dean White（怀特主任）、General Clark（克拉克将军）、Dr. Smith（布朗医生）、Professor Green（格林教授）、Father White（怀特神父）。可见，社会地位无论在哪个社会都很重要。欧文－特里普（1972）提及一个经典的例子。

（例 121）（1967 年，在美国密西西比州，一名白人警察拦下了一辆小汽车，司机是一位中年黑人。）

警察：What's your name, boy?（你叫什么名字，小子？）

黑人：Dr. Poussaint. I'm a physician.（普森特医生，我是大夫。）

警察：What's your first name, boy?（你名叫什么，小子？）

黑人：Alvin.（艾文。）

白人警察利用一个"小小的"称呼语 boy 极大地侮辱了普森特医生。首先，他使用了带有严重种族歧视的称呼语 boy。实际上，在美国社会，用 boy 来称呼任何种族、任何肤色的男性都在暗示他是一个地位低下的佣人。普森特医生提醒对方自己的职业是内科医生，并给对方提供了合适的称呼语"普森特医生"。他这样做的目的是希望对方要尊重他。但警察没有理睬他的回答，再一次称呼他 boy，并且再次追问他名叫什么。根据美国人的称呼规则，陌生人在任何情况下都不可以以"名"来称呼一个内科医生。在这种背景下，白人警察想传达的信息很清楚："你是黑人，不配享有成年人的地位和相应的职业地位。"难怪普森特医生后来在登载在《纽约时报》的文章中承认："我在奇耻大辱中说出了自己的名……当时我感到我的男人气魄被完全剥夺……没有一丝自爱当时能拯救我的尊严……"（祝畹瑾 2013：224）。本例中普森特医生受辱的原因不仅是白人警察的种族歧视，而且因为医生的地位比较高，普遍社会规则是使用头衔称呼这一人群。

（二）美国人的其他社交称呼语

美国人其他的社交称呼语一部分跟英国人相似，但也有自己的特色之处。

brother 和 bro。美国人对陌生的人称呼常常很随意。brother 这一称呼通用于美国，尤其在黑人的语言中频繁出现。更简单的说法是 bro（brother 的缩写简称），而 bro 的白人倾向性更大一点，如 How's going, bro?

buddy 指非常亲近的朋友，一般用于男性之间，是美语里面表示亲密朋友的一种称呼，译为"朋友、哥们、伙计"，类似的还有 chum, pal 等称呼词。美国人在市井街头邂逅打招呼或在非正式场合交谈时多用这些非正式称呼，buddy 或 bud 就很常用。例如，走在街上，有时会听到乞丐对你说"'Hey, buddy, can you spare a fella'（=fellow）a few coins?"

mate。美国人与亲密好友交谈时也常常使用 mate，它是美国俚语 buddy、pal 或者 dude 的替换词。

无人不晓的 dude 发音为 /dju:d/，意思为"伙计、小子"。目前，dude 一词是美国乃至世界最常用的称呼词之一，最经常听到的用法如"What's up, dude?"。这一称呼略显轻蔑之意，最初指衣着过于光鲜亮丽的人物，这也就是为何它经常被译为"花花公子"的原因。Dude 和 guy、man 同义，多指称男人，一般用于成年人。由此衍生而来的 dudette /dju:'de/ 则指称女性，有"姐妹儿"之类的意思，其使用远没有 dude 广泛。

四、中英称呼差异

每种语言都有自己特殊的称呼语系统和使用规则，中英亲属称呼和社交称呼存在较明显的差异，导致跨文化交际中频频发生误解和冲突。中国人运用英语称呼人的常见困难和错误：

（1）套用汉语的称谓习惯，滥用职务或职称。例如，Teacher Smith（史密斯老师）、Engineer Wang（王工程师）、Master Li（李师傅）。

（2）将尊称与名字连用。例如，有人称呼某外国男士为"大卫（名）先生"，称某女士为"玛丽（名）小姐"。

（3）单用姓或随便用名称呼人。例如，有些大学生只用姓称呼他们的外国教师；有些人以为所有外国人都很随便，可以随意只称其名。

（4）随便用"老"和亲属称谓称呼外国人（毕继万 1997）。这几点差异仅是部分或表象，我们有必要系统梳理中英称呼观念和称呼文化的差异。

（一）亲属称呼观念方面

汉语亲属称谓语复杂繁多。中国文化强调宗族制度。宗族指同一父系家族的成员，不包括出嫁的女性（《现代汉语词典》第6版）。中国文化也强调辈分高低和年龄长幼，区别堂亲和表亲、血亲和姻亲，正所谓"长幼有序，内外有别"。这里的"外"即"表"的意思，指外亲，即指女系血亲相联系的亲戚，包括与母亲（多指嫡母）有关的亲戚和与出嫁女儿相联系的亲戚。

相比之下，英语亲属称谓系统相对简单很多，宗族、血亲、姻亲甚至辈

第十三章 他山之石，可以攻玉——英汉称呼差异

分等概念在英语称呼观念中是很模糊的。英语亲属词大都一词多义，例如，grandfather（＝爷爷/外公）、grandmother（＝奶奶/外婆）、grandson（＝孙子/外孙）、granddaughter（＝孙女/外孙女）、nephew（＝侄子/外甥）、niece（＝侄女/外甥女）、brother（＝哥哥/弟弟）、sister（＝姐姐/妹妹）。如果英美人一定要区别grandfather是"爷爷"还是"外公"，需要加上on my mother's side或on my father's side。uncle、aunt、cousin三个词更是"身兼数职"，uncle（＝伯伯/叔叔/姑父/姨父/舅舅）、aunt（＝姑姑/姨妈/伯母/舅妈/婶婶）、cousin（＝堂兄/堂弟/堂姐/堂妹/表兄/表弟/表姐/表妹）。

中国文化中，晚辈对长辈不能直呼其名。古人称呼自己父母的名字是忌讳，《红楼梦》提到林黛玉读书时，凡书中有"敏"字，皆念作"密"字，每每如是，写字遇着"敏"字，又减一二笔。以黛玉之聪颖，必是不会读白字、写错字的，原因是林黛玉的母亲名叫贾敏，林黛玉此举正是避讳自己母亲的名讳。

英美文化不像中国文化那样强调家族长幼辈分，亲属之间多用名字，孩子对长辈可以直呼其名。英语中只有一小部分亲属称谓词可用来作面称，大概只限于dad、mum、grandpa、grandma（granny）等几个，用于非成年人和成年人称呼自己的父母，也可用于夫妻间或对上一辈人的称呼，这时候相当于中文的借子称谓。小孩子也会使用这些词的变体来表达亲昵的感情，如daddy、daddie、mummy、mommy、mama、ma、grannie、nana等。其他的亲属称谓词，孩子偶尔会使用uncle、Aunt，但多与名字连用，如uncle Joe、aunt Mary。这一点上和中文有明显不同。

（二）拟亲属称呼语现象

拟亲属称呼语指用亲属称呼语来称呼非亲属的社会成员，它是汉语称呼语系统的一大特色，使用非常普遍。英语中此类称呼语的数量非常有限，只有少数几个。其中，长者常用 son 或 sonny 来称呼年轻人，年轻人对年老的女性称 granny（奶奶）。除此之外，英语中拟亲属称呼一般表职事，用法是称呼词＋姓/教名，如"Father＋姓（神父）、Mother＋姓（修女院院长）、Sister＋教名（修女）、Brother＋教名（修士）"。

拟亲属称呼语的使用上存在很大文化差异。在英美国家，一些年纪大的人常对小伙子会用 son、sonny，主要是表示亲近，是很寻常的事，也是可以接受的。但在中国文化中是万万行不通的，这样的称呼对听话人来说是极大的人格侮辱，由此才出现《阿Q正传》里阿Q被未庄的闲人揪住黄辫子，在壁上碰了四五个响头后，阿Q常常自我安慰地想："我总算被儿子打了，现在的世界真不像样⋯⋯"老子在辈分上高于儿子，这是阿Q自身的精神胜利法，这样想时阿Q算是在心理上占了便宜，于是他就很满足地走了。

中国人对年纪大的人称呼"爷爷、奶奶"司空见惯，不足为奇，而且是礼貌称呼。可是要是到了美国，以同样的方式称呼美国人，他们会非常惊讶，因为你们之间并没有什么血缘关系呀！一个刚到美国的中国留学生，寄宿在一位美国老太太家，他按照中国的习惯很礼貌地称老太太为 grandma（奶奶），刚开始的时候，老太太觉着很别扭，后来忍无可忍，提出了抗议，请他直接叫她的名字，因为老太太觉得自己还未老到做他的祖母（段艳丽，2000）。

(三)在社交称呼观念层面

汉语社交称谓观念带有明显的等级差别,信奉"尊卑有别,贵贱有等,亲疏有序",受伦理道德规范约束更多,中国人在称呼他人时一般不随意直呼其名。而英语社交称谓讲究平等,崇尚个性主义,注重语用便捷。这种观念上的差别会对不同文化成员称呼语的使用产生极大的影响。英语国家对不知婚否的任何年龄的女士都可称 Ms. 或 Miss,对成年男性(不管是白领还是蓝领)都可称 Mr. 或 mister。但是,汉语文化对 30 岁以上的女士却不可贸然称"小姐";对体力劳动者只习惯于称"师傅",若称其"先生",被称呼者甚至会认为说话人在嘲讽挖苦他。

(四)"老、小"两个前缀的文化差异

由于文化差异,汉语里很礼貌的称呼方式在英语文化里却可能是很不礼貌的。中国人尊老爱幼,我们对上了年纪的人喜欢称"王老、范老",而"老王、老范"则用在同辈人之间,是一种平等亲切熟络的称呼。在英语里不但不是一种尊敬的表示,反而会觉得是一种侮辱,让人难以接受。因为在英美文化中,人们是不服老的,怎么可以称一个中年人甚至年轻人为"老王"呢?英美人的字典里没有老,即使对真正意义上的上了年纪的人,也不会像中文称呼"老大爷"那样称人家为"old grandpa",而是可以直接称呼其名字。"用抬高别人的辈分或次第的办法称呼西方人就不仅不会给人以尊重的感觉,反而会招致极大的反感,因为他们以为你是认为他们太老了,西方女士对此则

更为反感"(毕继万,1997:15)。同理,"小+姓"在中文里也是一个极为亲切的称呼,如"小马、小刘"等。但在英语文化中却是不礼貌的,也是不合适的。这个时候,英美人喜欢以名来称呼对方以示亲切。

五、小结

本章介绍了英语的一般称呼规则和英美国家的称呼特色,系统梳理了英汉称呼差异,有助于我们了解英汉语言差异,对跨文化交际有益。本章的内容给我们三点启示。

(1)英语中也有大量的敬语存在,如英国的贵族头衔和美国的职衔称呼。敬语是一门语言必要的有机组成部分。

(2)在英美社会,"先生、女士"这样的雅称在一般社会成员中使用很广泛,体现了一种平等的社交称呼观念。

(3)不体现婚姻内涵的 Ms. 称呼语被创造和推广的成功经验也有力地表明,称呼语规划对于解决称呼困境不仅是必要的,而且是十分可行的。

第十四章 "姥姥"与"外婆"之争
——普通话与方言亲属称呼词的关系

谁也未曾想到,"姥姥"和"外婆"两个汉语亲属词竟然在2018年6月里上演了一场因语言权利而起的"争斗",而且反响空前。

一、事件回放

2018年6月20日,上海小学语文课本突然在全国火了一把!原来是有微博网友发文称,上海小学二年级第二学期上海教育出版社出版的语文教科书第24课《打碗碗花》原著中的"外婆"一词竟然全部被改成了"姥姥"。紧接着有网友找出去年上海市教委针对这一问题的答复,上海市教委认为"姥姥"是普通话词汇,而"外婆、外公"属于方言。正是这一官方答复将"姥姥"和"外婆"之争推到了舆论的风口浪尖。在巨大的压力下,2018年6月23日,上海市教委给出了处理意见：责成市教委教研室同上海教育出版社迅速整改，向作者和社会各界致歉，并与作者沟通，将该文中"姥姥"一词恢复为原文的"外婆"一词，同时依法保障作者权益。

二、网络舆论

其间，广大网友、主流报纸和语言学家纷纷参与了论战，场面甚是热闹。人们围绕语言规范与语言使用习惯、方言词的界定、文化积淀和文化自信、著作版权、文化传承、文学素养的培养等方面展开了热议。下面是几种代表性的声音。

（一）称呼语规划要考虑语言使用习惯

根据上海市教委的答复来看，其更改原著的初衷是为了推广普通话。上海是一个现代化、国际化大都市，推普工作当然义不容辞，但广大网友认为上海市教委此举纯属多余，实属矫枉过正，而且改动太过生硬，给课文的读者和学习者带来强烈的不适感。如果按照这种思路，多少代人记忆中的经典歌曲《外婆的澎湖湾》也要变成《姥姥的澎湖湾》，格林童话《小红帽》中的狼外婆也要变成狼姥姥了。

本次教材更改事件发生在上海市，那里一直通行的是"外婆"。《打碗碗花》的作者李天芳先生是陕西西安人，当地一直通行的也是"外婆"。从这一

第十四章 "姥姥"与"外婆"之争——普通话与方言亲属称呼词的关系

事件的始末看来,语言规范应该尽量考虑语言使用者的语言使用习惯,语言规划的一个标准就是接受度,完全不顾人民群众语言使用习惯的语言规范没有实施的现实基础,也就不会有实施效果。

诚然,语言规范或多或少要改变人们的语言使用习惯,若完全尊重地方语言使用习惯,实际上就无法推进语言规范了,语言规范是大势所趋。同时,宏观层面的语言规范与微观层面特定文化词语的保留二者并不相悖。"方言的作用也不能被忽视,现代汉语在发展的过程中,通过不断吸收各地方言来丰富自己的词汇系统,方言为现代汉语普通话体系的构建和发展提供了丰富的养料"(张茹淇、邹煜,2019:164)。所以,语言规划工作中应考虑方言对普通话的补充作用。

(二)到底哪个是规范词

网络讨论的另一个焦点是"外婆"和"姥姥"哪个词属于方言词。上海市教委最初的答复依据的是《现代汉语词典》(第6版)中"外婆"的释义标有"〈方〉"字,而"姥姥"没有这样的标注,据此认为"外婆"是方言,"姥姥"是普通话。但事实果真如此吗?

现代汉语中,母亲的母亲的书面称谓是"外祖母",其口语称呼形式在不同方言中存在很大差异。汉语中外祖母的称谓主要有四类。一是"外×"类,包括"外婆、外奶(奶)、外妈"等;二是"姥×"类,包括"姥姥、姥娘"等;三是"家×"类,包括"家婆、家家"等;四是其他"婆"类复合词,包括"婆婆、阿婆"等(王玲玲,2014)。

"姥姥"和"外婆"哪个词的使用范围更广？社会上一般简单地认为南方多称"外婆"，北方多称"姥姥"，但这种一刀切的看法太过笼统。《汉语方言地图集》（曹志耘，2008）告诉我们，单就通行区域而言，"外婆"显然更具代表性，它在南、北方均有分布，而"姥姥"的使用地域则集中分布在北方地区，主要在东北三省、内蒙古至河北、山西北部，还有山东与河南的部分地区。

姚权贵（2018）认为"从源流演变看，历史上的'外婆'比'姥姥'出现时间更早，且保留了'外祖母'这一亲属称谓的传统特征"。从文献用例来看，"外婆"是更书面化的词语，正统的字书、韵书中亦屡见记载。而"姥姥"的音义却均来自方言，并且在那些重要的字书、韵书中并未载录其"外祖母"这一用法。张寒冰（2018）的统计发现，即使在北京话代表作家老舍的著作中，"外婆"的使用频率是"姥姥"的两倍以上。

针对两个词到底哪个是规范词，各种喧哗之中，官方媒体《人民日报》2018年6月28日的文章《当"姥姥"遇上"外婆"》试图给出权威结论，认为两个词原来都是方言词，现在都进入规范词的行列了。至此，似乎皆大欢喜！

然而，学术界的争议却没有平息。有学者认为两个词都作为规范词的话，它们都没发育成熟，都作为方言词的话，它又具有某些规范化的特质（王大可，2018）另外，方言词的界定在学界历来都有分歧，普通话和方言词的界线有时并不泾渭分明，方言词的界定一向是难点。有些方言词可能正在进入普通话的过程中，变迁中的语言成分属于方言还是属于普通话实难划分。

第十四章 "姥姥"与"外婆"之争——普通话与方言亲属称呼词的关系

（三）"留住语言多样之美"

不赞成将"外婆"改为"姥姥"的一种普遍观点是文学创作没有必要统一标准，正如罗素曾说，"须知参差多态，方是幸福的本源"。《光明日报》光明时评2018年6月21日发文道：相比"姥姥"，"外婆"一样承载着每个人的情思。《打碗碗花》是一篇散文，文学的本质就是承载、表达、构建人类的情感世界。情感离不开个人经验，离不开个人所使用与附着的独特语言。语文教科书收录名家名作，除了让学生学习书面语言的规范表达之外，一个重要目的就是培育学生的文学素养。如果简单粗暴地篡改作家的用词遣句，破坏原著独特的语言风格，这既是对于作家的不尊重，也与培育学生文学素养这一目的背道而驰。

此外，姑且不论"外婆"和"姥姥"哪个是方言词，哪个是规范词，这一事件暴露出相关部门负责人错误地认识了方言与普通话的关系。政府推广普通话并不是为了消灭方言，而是为了消除方言之间的隔阂，是为了让讲不同方言的人之间沟通更加通畅。随着过去几十年普通话的推广，普通话早已经成为中国大多数地区的通用语。与此同时，随着年轻人越来越普遍地使用普通话，方言的使用和传承日渐式微。现在的推普工作同时也强调对汉语方言的保护。人们越来越意识到，单一强调一致性是不可取的。语言不仅仅是交际工具，也是文化的载体，而方言的背后是各个地方多元的、历史悠久的地域文化，保护方言就是保护文化多样性。

《中国新闻出版广电报》2018年6月28日发文指出：语文教材对于语言的规范不应当矫枉过正，将一些原本属于正常文化差异的用语，弄成非此即彼的关系。文化应该具有差异性、多样性，应当丰富多彩。课文中"外婆"全部被改成"姥姥"的做法，看似是为了"推广普通话"，其实会起到损伤文化差异性、多样化，不利于文化繁荣，实属得不偿失。《人民日报》（2018-06-30）指出，语言是流动的历史。以普通话为代表的共同语增强了我们的集体认同，凝聚了我们的文化创造力，与此同时，我们也需要无数的方言语词奔涌、融汇到语言视野与文学教育之中，成为共同语保持活力的源泉。

三、普通话称呼语与方言称呼语的关系

撇开"姥姥"和"外婆"之争，单就普通话和方言的关系而言，我们认为在中国人的语言生活中，普通话和方言互为补充，缺一不可。普通话主要方便于与外界沟通，具有显性社会声望；方言则用于家人、亲友和群体内部感情的维系，具有隐性社会声望。

就称呼语而言，要满足人们的日常生活工作交际需要，方言称呼语是普通话称呼语的重要补充，理由有三。

第一，如前文所述，普通话的称呼语系统并不完善，存在系统缺项，如与"师母"相对应的称呼词一直缺乏，而地方方言可以很好地为之补项。在我们的全国调查中，当被问及"在您的方言中，学生可用来称呼女老师爱人的称呼语是什么？"16.62%的人选择"师公"，4.52%选择"师爹"，4%选择"师父"，3.33%选择"师丈"。有了这些地方称呼语，相应地区的人们在特定交际情景中就不会出现无称可呼的尴尬。

第十四章 "姥姥"与"外婆"之争——普通话与方言亲属称呼词的关系

第二，各地汉语方言拥有自己的社会通称用语，而且这些通称很多时候社会争议小，极大地方便了当地人的语言交际。例如，广东省非常流行的"靓"族称呼语，"靓仔、靓妹、靓姨"等，所以有种说法"在广东只有两种人——靓仔和靓女"；武汉地区流行的"男将、女将"。东北地区的"老铁、老弟、老妹"。天津用于所有女性的"小姐姐"；江西省方言中的"老表"（与"老乡"相似）。少数民族地区通用的"阿哥、阿姐"等。

第三，方言称呼语还有感情方面的优势。地方称呼语如乡愁一般，包含着来自一个地区人们的深厚情感，这就是为什么"外婆"被替换而触发的社会情绪反弹。

四、对语言规划的启示

在汉语称呼困境依然严重的今天，地方方言称呼语尤显珍贵，在各地区人们的工作、生活中发挥着重要的作用。尽管媒体中的"姥姥"和"外婆"之争早已落下了帷幕，但它们在现实生活中的权利之战还会继续。这一事件背后的因素值得进一步思考，我们再次清楚地认识到，方言和普通话具有不同的社会功能，二者都重要，方言是普通话的重要补充，普通话与方言之间的和谐共存，正是不同层级的语言共同支撑起来中国社会井然的语言秩序。而推行通用规范的语言文字和保护方言可以并行不悖，语言规划要兼顾统一性和多样性的原则。

第十五章　走出汉语称呼困境
——汉语称呼语规划之我见

姚亚平（1995）很早就指出科学的基本作用之一就是不但要解释世界，还要改造世界，呼吁要对汉语称谓语的运用进行规范、预测和规划。

汉语称呼困境时至今日依然没有明显缓解，个别领域的称呼乱象、称呼庸俗化、商业化和帮派化的现象亟须治理。要解决汉语称呼困境，开出良方，对症下药，我们需要首先梳理一下当代社会中国人的称呼观念变迁轨迹，从中发现语言观念变迁的规律，为称呼语规划提出科学合理的建议。

一、70 年来中国人的称呼观念变迁史

中华人民共和国成立以来，中国人的称呼观念随着中国政治、经济和社会的发展在不断变迁，社会通称不断兴衰更替。究其根本，称呼语的兴衰与

称呼观念的变迁亦步亦趋。本书将过去 70 年来中国人称呼观念的变迁轨迹大致分为以下时期。

（一）社会主义新型人际关系的"同志"时代

1949—1966 年。1949 年中华人民共和国的成立标志着一种社会主义新型人际关系的开始。新中国以高度集中的计划经济体制为基础，完成了社会主义改造。一方面全社会不同群体之间的差异减少，另一方面肃清了思想文化领域的封建主义、资本主义的影响，使全社会的主体文化成为高度意识形态化的社会主义文化（散木、伦华，2004）。中国共产党希望团结一切可以团结的力量，为共产主义理想奋斗，鼓励人们无论是共产党员还是群众，不分性别、年龄、职业、职位，只要不是阶级敌人，均可称"同志"。在此形势下，"同志"的语义迅速泛化，成为最权威的社会通称。它标志着一种新的价值观念得到推广，在体现统治阶级意识形态的同时，也充分实现了社会成员之间的平等。这一时期，"同志"称呼词代表了思想观念的同质化。

（二）无产阶级领导一切的"师傅"时代

1966—1976 年。"文革"期间，"同志"变成一个区分敌我的词汇，政治意味太强，人们开始谨慎用之。同时，我国坚持社会主义工业化的战略，全国上下掀起了向工人老大哥学习的浪潮。无论工厂内外，"师傅"这一称呼都十分普遍。当人们称你为"师傅"的时候，就证明你政治上没问题，一下子

"师傅"就流行开了（祝畹瑾，1984）。"师傅"的出现，解放了思想，最终走出工厂，走向社会，成为社会通称。无论男女，无关性别，各行各业，均可被称为"师傅"。所以，"师傅"流行的背后是无产阶级领导一切的社会形势，以及人们渴望淡化政治的愿望，体现出了这一时期称呼观念的平民化，为下一步中国人的思想开放做好了铺垫。

（三）中国人思想解放的"先生、小姐、老板"时代

1978年改革开放至20世纪90年代末。1978年，中国改革开放的大门打开，思想解放。受海外文化影响，新观念涌入，中国人的思想得到解放。同时，由于要跟国际社会接轨，"先生、小姐"流行起来。李明洁（1996a）认为"先生、小姐"的流行对中国人的传统称呼方式形成了重大冲击，标志着中国社会向注重个人、平等交往的现代社会转变。"先生、小姐"强调性别和修养，忽略了工作性质与地位的差别。在选择这两个泛尊称时不仅体现了对对方人格的充分尊重，也反映了说话人自身的道德标准。同时，由于这两个称呼语已是发达国家公认的泛尊称方式，它们的广泛流行也体现了向世界融合，向现代化迈进的心理态度。

同样是在这个思想解放的时代，市场经济催生了下海经商潮，越来越多的老板出现，"老板"称呼词的语义也随之不断泛化，这是20世纪八九十年代的一大特征。下海经商潮带动了中国经济大发展的同时，也为日后"老板"称呼的泛滥埋下了伏笔。

（四）价值多元化的"美女、帅哥、亲"时代

21世纪初至今。进入21世纪以来，中国人称谓观念的最显著特点就是价值多元化。这是一个价值多元化的时代，所以表现在日常的称呼语上，也是百花齐放。其一，"同志"的同性恋新语义进一步扩散，大大冲击了它的传统意义，促使人们对社会成员的性取向和性别定位重新认识。这一时期的"同志"代表了思想观念的异质化。其二，"美女、帅哥"的兴起表明人们在审美价值方面的多元化。人们对美的要求不再苛刻，莫衷一是。美可以是各种各样的，心仪的人儿都可以成为"女神、男神"。其三，新世纪以来，称呼语"亲"的崛起表明了人们感情的多元化，可以跟陌生人假亲，也可以跟熟悉的真亲。在社会的转型期和新旧语言观念的碰撞期，称呼观念多元化属于一种正常的现象，但这并不意味着政府应该疏于引导和管理。

（五）语言价值重塑的新时代

汉语称呼困境已经困扰中国人长达40多年之久，称呼观念应该得到重塑。从对称呼观念变迁的梳理中不难发现，语言价值的重塑必须要借助重大的历史事件。党的十九大就是一个标志性的历史时刻，它宣告了中国特色社会主义进入了新时代，在这个百年之未有的大变局时期，中国政府的语言管理工作也必将迈上一个新台阶。

通过梳理过去70年来中国人称呼观念的变迁史，我们可以揭示出如下语言观念更替规律：汉语称呼语从20世纪六七十年代的单极同质，发展到80

年代至今的多元无序，下一步应该会朝着多元有序的方向发展。

多元总体上是健康的，对多元价值观念没有必要强求一致，也不能强行要求同质化，但语言秩序不能无序。汉语称呼困境已经困扰了我们几十年，要想克服称呼困境，避免称呼文化落俗，政府就要在多元复杂中加强引领，建立汉语称呼新秩序。

中国政府部门在日益加大语言管理力度，希望汉语称呼语尽快进入语言价值重塑的新时代，汉语称呼语的新时代规划任务包括完善汉语称呼语系统、重建汉语称呼语礼貌语体和走出汉语称呼困境。

二、当前汉语称呼语规划的原则

总体而言，多元化与规范化并不冲突，任何形态社会的语言使用都需要规划和管理。汉语称呼语规划要贯彻称呼语分用的理念，要明确各类称呼语在汉语称呼语系统中的地位和位置。称呼语分用的本质是构建一种分层分类的体系，使各类称呼语之间形成主体与多样、高层与低层（即雅俗）、正式与随意的多元互补关系。称呼语成员各司其职、各行其道、相辅相成。关于如何加强汉语称呼语的规划，笔者提出四条语用指导原则。

（一）社会系列、家族系列并用原则

汉语称呼语系统包括社会系列和家族系列，两个系列在中国人的语言生活中同时发挥着重要作用，缺一不可。这一点与西方社会有很大不同。中国

人在称呼陌生人时，一般会先在社会称呼语和拟亲属称呼语两套系统之间做出选择。相比之下，西方语言的称呼语系统以社会称呼语为主，如英语中的Sir、Madam、Mister（Mr.）、Miss、Ms.、Mrs.等。

亲属称呼语及其泛化用法在中国文化中根深蒂固，也是我们的文化之根，对当今中国社会的运行意义非凡，其不足之处就是难登大雅之堂，所以还需要社交系列补充。两个系列需要并用。社会称呼语主要用来表达消极礼貌，让说话人传递了尊重之意的同时，适度保持与被称呼者之间的距离。拟亲属称呼语主要用来表达积极礼貌，用于拉近与他人之间的距离。

（二）雅俗并举原则

正如前文所讲，"雅"指优雅典雅，"俗"指通俗大众。从雅俗视角来看，为了满足不同人群、不同场合、不同交际目标的需求，汉语社交称呼语至少需要两套系统：一套是正式优雅类社交称呼语，用于正式庄重的场合，如"先生、女士、小姐、阁下"及各种敬语谦辞；另一套为通俗大众类社交称呼语，用在日常生活和工作中，如"师傅、朋友"等。

雅俗为语言生活的两个方面，缺一不可。但我们要崇尚优雅文化，提倡使用雅言雅语。同时，"俗"不等于庸俗、落俗，我们要抵制称呼行为的庸俗化和粗鄙化。

提倡雅俗并举原则的同时，我们也清楚地认识到，"在各阶层内部存在着并不相同的只为各自群体认可的首选泛尊称形式。这说明，泛尊称在某种意义上是阶层的语言标志"（李明洁，2000：7）。

因为不同社会阶层人群的语言使用能力和称呼语库有差异，我们不能也没有必要强求一致。按照英国社会学家伯恩斯坦的精致代码和简单代码理论的说法，不同社会阶层掌握着不同的语言代码。社会的中上层人士语体变异能力更强，可以雅俗并举，但下层老百姓语体变异能力有限，在日常生活工作中主要使用通俗大众的称呼语。

（三）主体性和多样性相统一原则

语言规划要妥善处理好主体性和多样的关系，尊重包容差异。习近平曾在讲话中辩证地说过"一致性和多样性共同存在并相互作用，是自然法则，也是社会规律"。在称呼语的来源上，要坚持普通话的主体性和其他语体多样性相统一的原则，不同语体要实现功能分层和功能互补。

根据《中华人民共和国国家通用语言文字法》，我国的国家通用语言是普通话，通用文字是规范汉字。在中国人的语言生活中，普通话的称呼语占主体地位，其他普通话变体、方言、外语的称呼语则处于辅助地位，各种语体功能互补。

详细来讲，对于普通话而言，除了标准普通话之外，还有很多普通话变体。例如，港台地区有港台腔普通话，海外有海外普通话。此外，还有大都市普通话，它是标准普通话、港台腔和英语的混合体（张青，2018）。例如，在标准普通话中，"先生"这个称呼词的第二个音节是轻声，发 xiānsheng；但在大都市普通话中，"先生"的发音方式是 xiān shēng，在非重读音节中把轻声发为原来声调，即"轻声的非轻读"。这种变体多用在南方方言尤其是港台地区，

第十五章　走出汉语称呼困境——汉语称呼语规划之我见

北京的外企白领和中国新兴中产阶层人士在言谈中会大量使用这一大都市音位变体。

汉语方言称呼语的补位功能不言而喻！例如，方言中"师公"对普通话有补充功能，广东省的"靓仔、靓妹"在地方语言生活的重要性也说明了方言的重要性。中国各地少数民族地区的"阿哥、阿妹"的称呼方式用得比较广泛，亲切且通用。

至于外语称呼语为我所用的例子，也比比皆是。例如，汉语中的"亲爱的"，最初是个舶来品，现在是常用的汉语称呼。现如今中国社会英语普及程度高，生活中英语称呼语不绝于耳，如"daddy、mommy、darling、uncle、honey"，还有社交称呼"boss、sir"等，这些用法勾勒出了一种时尚、前卫的都市人士的形象，也是我国当前称呼实践中一道亮丽的风景线！2019 年北京春晚，林志玲一声"uncle"嗨翻全场观众。中央政法委新闻网站官方微博2019 年 9 月 16 日发文亲切地称香港警务处机动部队警署警长刘泽基为"光头警长刘 sir"，八达岭长城 16 日通过官方微信向刘 sir 发出邀请，"热烈欢迎刘 sir 一行前来登长城"。广州的赵先生在访谈中表示他遇到警察时常用"阿 sir"来称呼。类似情况不胜枚举。

普通话称呼语的语域范围更广，用在正式和非正式的场合；其他语体的称呼语主要用在非正式场合，并呈现出多样性特点。作为国家通用语言，普通话要从汉语方言、少数民族语言以及外语学习和借鉴合适的称呼语，来丰富和完善现代汉语的称谓系统，满足当今时代人们日益多元的语言需求。

（四）提倡平等称呼观念的原则

在中国国内，与体制内职场称呼文化不同的是，社交场合的汉语称呼呈现出一种平等化的趋势，无论是线上语言生活中的"亲"，还是线下的"美女、帅哥"等。

从这层意义上来看，尽管"亲、美女"等称呼的社会褒贬不一，但它们在称呼观念的导向上却有着积极的意义，体现了一种平等的称呼观念。姚亚平（1995）年就提出，现代汉语称谓系统变化的趋向是称谓系统的简化和称呼观念的平等化。而当今，一般社交场合中，称呼观念的平等化趋势更加明显。

李·大卫（1997）曾谈及香港人在与西方人打交道时常常使用西式名字，这是因为在多文化的商务往来中需要快速地发展友谊和亲密，而中国传统的称呼语库对此造成了阻碍。选用西方名字主要是希望转换到西式平等的、对称性的名字称呼模式，以此来加快彼此熟悉的进程，而这种语用迁移现象是双语和双文化影响的结果。

不管是出于国际交往的需要，还是中国社会发展的需要，我们都应该推广平等型称呼模式，陌生人之间推广鼓励"朋友、哥们儿"等称呼语，熟人之间使用相互称名。汉语称呼语困境的根源所在就是称呼观念在作祟，人人平等的称呼观念一直未能深入人心。"通称的缺乏，与其说是汉语中没有通称的语言形式，还不如说是中国缺乏以同一眼光看待所有人的伦理观念"（姚亚平，1995：97）。提倡平等的称呼观念是走出汉语称呼困境的关键所在。要在社交中打破权势壁垒，破除等级观念。

三、汉语称呼语规划的具体实施建议

德国语言学家克洛斯（Kloss，1969）将语言规划分类两类：本体规划（corpus planning）和地位规划（status planning）。本体规划主要是对语言文字本身的规划，主要是发展一种语言或语言变体，使它标准化，为它提供各种语言资源，完善其为服务社会所需的一切语言功能。地位规划则包括改变一门语言、语言变体或语言要素的功能，以及语言使用者的语言权利。

现代汉语称呼语的规划也可以从这两个方面开展。称呼语的本体规划指完善称呼语系统；地位规划指准确定位每个称呼语的功能和地位，并通过培育改变其在社会中的声望，引导社会主流的称呼观念。本章在前面各章零散且个性化的建议基础上，提出以下汉语称呼语规划建议。

（一）汉语称呼语的本体规划

第一类是解决男女面称的不对应性，普通话中补充女性配偶称呼语，尤其要吸收一个与"师母"相对应的面称词进入普通话，如"师公"。建议《现代汉语词典》等权威词典要尽快收录"师公"这一词条，并补充"女教师的爱人"这一义项。

第二类是丰富汉语称呼语系统中的正式优雅类称呼语，适度启用旧时的敬语和谦辞。

（二）汉语称呼语的地位规划

其实，汉语的称呼困境主要发生在非正式的社交场合，尤其是陌生人和不太熟悉的人之间。解决称呼困境的一个关键是每个汉语通称的语义和功能区分要准确到位，确保每个通称都各司其职。

下面就部分汉语通称的使用提出建议，一部分建议适用于个人实践层面，一部分适用于政府部门规划层面。

（1）"同志"的政治色彩过于浓重，"同志"在所有通称使用频率排序中位置靠后。我们需要对其语义和功能再定位，将其语域主要规范在正式及政治性场合。同时，媒体报道应避免使用"同志"的同性恋语义，对其非传统用法进行干预和限制。

（2）提倡中国人在工作和生活中使用雅言雅语，雅化称呼行为，推广"先生、女士"这两个优雅类称呼语。这两个泛尊称通用性强，基本无社会争议。近几年"女士"的语义更加泛化，为下一步的推广做好了铺垫。

（3）提高"小姐"称呼语的社会声望，为其正名，还原其作为年轻女性泛尊称的本义，帮助其重返优雅类称呼语的行列。

（4）缩小"美女"的使用范围，使其名副其实。

（5）提倡平等的称呼观念和语言伦理观，鼓励使用"朋友、哥们儿"和姓名等平等型称呼模式。

在个人的称呼实践中，如果陷入称呼困境，实在拿不准选择哪个名词称呼语，那就使用"您好"开头。单数第二人称代词敬体"您"既规范，又礼貌，不会冒犯任何人。在实际使用中,如果没有最讨巧的称呼语可供选择,就选最规范的。同时,中国人出门在外,要了解地方称呼文化,做到入乡随俗。

更重要的一点,要想有效提高一些泛尊称的社会声望,仅靠学者的呼吁还远远不够,可以通过国家语委、国家精神文明办,网络电视广播公益广告等方式对国人的称呼观念加强引导,唯有如此才能解决几十年来一直困扰汉语的称呼困境,建立新的称呼语秩序。

四、称呼语规划的意义和展望

加强现代汉语的称呼语规划具有深远的意义:①可以提升人际交流的通畅性,走出多年来困扰国人的称呼困境。②防止称谓文化落俗,重建典雅语体,提升中华文化的内涵和中国的文化软实力。③使用"先生、小姐、女士"这类国际上通行的称呼语能方便国际交流。④提升国家语言管理能力。国家语言生活管理水平是国家语言能力的重要内涵。

2021年11月30日,国务院办公厅印发《关于全面加强新时代语言文字工作的意见》,体现了党和国家对我国当前语言文字事业的高度重视,也为我国下一阶段的语言文字工作指明了方向。它指出,语言文字事业具有基础性、全局性、社会性和全民性特点,事关国民素质提高和人的全面发展,因此要推进语言文字规范化,构建和谐健康语言生活,传承弘扬中华优秀语言文化。要实现这些目标,就需要解决多年来一直困扰国人的汉语称呼困境。

中华人民共和国成立 70 年来，中国的语言文字事业有了巨大的发展变化。就语言规划而言，由最初的语言规划三大任务（简化汉字，推广普通话，制定和推行汉语拼音方案）发展到当前的对语言生活的全面治理、构建和谐语言生活以及提升语言能力（李宇明，2019）。汉语称呼困境可以说是当前语言规划主要任务可以攻关方向的一个缩影。我们相信，通过中国政府部门科学的语言规划和语言管理，以及语言学家们的研究和呼吁，并随着中国社会的不断向前发展，汉语一定会走出称呼困境的尴尬局面。

参考文献

毕继万，1997. 汉英社交称谓的差异 [J]. 语文建设（1）.

曹志耘，2008. 汉语方言地图集·词汇卷 [Z]. 北京：商务印书馆.

查家敏，高湛茉，2011. 亲属称谓泛化现象的语用研究——以"哥、姐"等亲属称谓为例 [J]. 语文学刊（7）.

陈建民，1989. 语言文化社会新探 [M]. 上海：上海教育出版社.

陈建民，1990. 现代汉语称谓的缺环与泛化问题 [J]. 汉语学习（1）.

陈建民，1999. 中国语言和中国社会 [M]. 广州：广东教育出版社.

陈俊，刘海燕，赵青，2005. 研究生称呼导师为"老板"的心理研究 [A]. 中国心理学会. 第十届全国心理学学术大会论文摘要集 [C]. 中国心理学会：中国心理学会.

陈诗卉，2016. 襄阳方言女性称呼语研究 [J]. 文学教育（1）.

陈松岑，1984. 北京城区两代人对上一辈非亲属使用亲属称谓的变化 [J]. 语言研究（2）.

陈晓春，2005. 拿什么来称呼您，陌生人？[J]. 修辞学习（4）.

陈原，2000. 社会语言学 [M]. 北京：商务印书馆.

初崇实，2011. 从"亲爱的"的泛用到"亲"的超泛用 [J]. 语文学习（12）.

戴厚英，2007. 人啊，人！[M]. 北京：人民文学出版社.

戴庆厦, 2007. 社会语言学概论 [M]. 北京：商务印书馆.

杜璇, 2017. 现代汉语亲属称谓的泛化探究 [J]. 现代汉语（语言研究版）（3）.

段艳丽, 2000. 中美称呼语比较趣谈 [J], 思维与智慧（6）.

樊小玲, 胡范铸, 林界军, 马小玲, 2004. "小姐"称呼语的语用特征、地理分布及其走向 [J]. 语言文字应用（4）.

冯胜利, 2016. 从社会语言学的角度看语体语法的机制及其衍生功能 [Z]. 南昌：第十届中国社会语言学国际学术研讨会.

高本汉, 2010. 汉语的本质和历史 [M]. 北京：商务印书馆.

高晓雩, 崔山佳, 2016. 济南市"老师"称谓语泛化的调查研究 [J]. 汉字文化（1）.

龚博君, 2005. 苏南农村政治精英的去农村化、老板化及其伦理困境 [J]. 北京大学研究生学志（3）.

郭熙, 2019. 七十年来的中国语言生活 [J]. 语言战略研究（4）.

顾晓君, 奚炳南, 刘卫东, 2001. 农村党建新现象——"老板书记" [J]. 江苏农村经济（6）.

何勇海, 2004. 别患上语言贫乏的"网络病" [N]. 江西日报, 2019-04-04.

何自然, 2014. 流行语流行的模因论解读 [J]. 山东外语教学（2）.

胡范畴, 2000. "同志"不宜用作泛尊称（上海部分专家笔谈社会通称用语问题）[J]. 语文建设（3）.

胡范畴, 胡玉华, 2000. "同志"称呼语的语义功能与语用条件析论 [J]. 华东师范大学学报（3）.

黄今许, 2002. "老板"源于"拍板" [J]. 咬文嚼字（4）.

黄灵红, 2001. 粗鄙化：当代媒体语言新变中的浊流 [J]. 语文建设（8）.

黄南松, 1988. 非教师称"老师"的社会调查 [J]. 语言教学与研究（4）.

蒋静, 2018. 泛化视角下的"美女"语用分析 [J]. 文教资料（22）.

兰殿君, 2003. "老板"语源考辨 [J]. 文史杂志（6）.

李慧兴, 2002. "小姐"一词的复出及其词义的异变 [J]. 乌鲁木齐职业大学学报（3）.

李佳静，孙德平，2013. 杭州市称呼语"老板娘"调查 [J]. 中国社会语言学（1）.

李梦生，2004. 左传译注（上）[M]. 上海：上海古籍出版社.

李明洁，1996a. 泛尊称选用在社会转型背景下的解释——上海泛尊称使用状况的社会调查报告 [J]. 语言文字应用（4）.

李明洁，1996b. 世事浮沉论"同志"——流行称呼语透视之二 [J]. 咬文嚼字（12）.

李明洁，1997. 追根溯源说"老板"——流行称呼语透视之三 [J]. 咬文嚼字（6）.

李明洁，1998. 风云变幻说"先生"——流行称呼语透视之八 [J]. 咬文嚼字（2）.

李明洁，2000. 称谓图式：称谓语的认知模式 [J]. 汉语学习（3）.

李明洁，2000. 泛尊称不宜强求一致（上海部分专家笔谈社会通称用语问题）[J]. 语文建设（3）.

李琼，2015. 汉语当代社会称呼语的变异研究 [J]. 陕西师范大学学报（4）.

李荣，2002. 现代汉语方言大词典 [M]. 南京：江苏教育出版社.

李树新，2004. 论汉语称谓的困境与缺环 [J]. 内蒙古社会科学（6）.

李树新，杨亭，2005. 汉语亲属称谓泛化的文化心理考察 [J]. 内蒙古社会科学（汉文版）（3）.

李宇明，2010. 中国语言规划论 [M]. 北京：商务印书馆.

李宇明，2011. 提升国家语言能力的若干思考 [J]. 南开语言学刊（1）.

李宇明，2019. 中国语言文字事业70年——序《中国语言生活状况报告（2019）》[M]. 北京：商务印书馆.

廖广莉，2011. 传媒中戏谑拟亲属称谓词的语用分析 [J]. 编辑之友（7）.

林本椿，1992. 小谈美国人的非正式称呼 [J]. 福建外语（3-4）.

凌德祥，2008. 汉语面称的不对称性及其缺位的语用研究 [J]. 福建师范大学学报（哲学社会科学版）（2）.

刘玮娜，2012. 淘宝体称呼语"亲"的语义语用分析 [J]. 求索（5）.

刘祥柏，2007. 江淮官话的分区 [J]. 方言.

刘巽达，2012. 优雅的汉语容不得粗鄙化 [J]. 辽宁教育（4）.

刘永厚，2007. 商贩称呼语的调查分析报告 [J]. 语言教学与研究（5）.

刘永厚，2010. 汉语称呼语的研究路向综观 [J]. 语言文字应用（3）.

刘永厚，2012. 称呼语变异与身份建构研究 [M]. 北京：外语教学与研究出版社.

刘永厚，2017. 汉语社会称谓语的语义演变 [M]. 北京：北京知识产权出版社.

刘永厚，王园，2016."新经济原则"与商务英语信函的言语优化配置 [J]. 上海对外经贸大学学报（5）.

刘永厚，郑双，2017. 北京党政机关人士的称呼模式研究 [J]. 北京科技大学学报（社会科学版）（3）.

刘永厚，2019. 语体变异的社会语言学研究路径、热点与动向 [J]. 现代外语（2）.

卢烈红，2014. 黄梅方言中的"妈妈"和"老板" [J]. 民俗典籍文字研（2）.

陆学艺，2001. 当代中国社会阶层研究报告 [M]. 北京：社会科学文献出版社.

罗黎丽，2011. 从"小姐"一词谈媒体语言监管和社会称谓语的使用 [J]. 语言应用研究（7）.

汉语大词典编辑委员会，1997. 汉语大词典（缩印版）[M]. 上海：汉语大词典出版社.

马宏基，常庆丰，1998. 称谓语 [M]. 北京：新华出版社.

苗连贵，2010. "美女""小姐"错杂弹 [J]. 今传媒（7）.

欧阳修（撰），徐无党（注），1999. 新五代史·简体字本二十四史 [M]. 北京：中华书局.

潘攀，1998. 论亲属称谓语的泛化 [J]. 语言文字应用（2）.

潘之欣，张迈曾，2001. 汉语亲属语扩展用法调查 [J]. 语言教学与研究（2）.

散木，伦华. 从社会变动看"同志"称谓的急剧变异 [N]. 北京日报，2004-05-17.

上海辞书出版社语文辞书编纂中心，2009. 古汉语字典（新一版）[M]. 上海：上海辞书出版社.

邵敬敏，2009. "美女"面称的争议及其社会语言学调查 [J]. 语言文字应用（4）.

施春宏，2011. 交际空间与称谓系统的共变关系 [J]. 语言文字应用（4）.

孙屹山，2018. 新媒体时代：网络互动在网络信息传播中的作用研究——以微博为例 [D].

杭州：浙江大学．

涂海强，杨文全，2011.媒体语言"x＋哥"类词语的衍生机制与语义关联框架[J].语言教学与研究（6）．

王艾录，2010.中文有理有据三千词[M].香港：商务印书馆（香港）有限公司．

王春，孙汝建，姚远，1995.社会心理语言学[M].上海：上海外语出版社．

王大可，2018.外婆、姥姥，哪个词规范[J].湖南人文科技学院学报（5）．

王枫，李树新，2005."同志"称谓的历史嬗变及其语义特征[J].内蒙古大学学报（3）．

王家学，2014.网络流行词"亲"来源实为双流合一[J].现代语文（学术综合版）（10）．

王玲玲，2014."外祖母"称谓的地理分布与历史发展[J].云南师范大学学报（哲学社会科学版）（2）．

王园，2017.北京地区出版界工作人员"老师"使用情况的社会语言学研究[D].北京：北京第二外国语学院．

吴慧颖，1992.建国以来拟亲属称呼的变化[J].语文建设（12）．

吴琼，2016."女士"一词的历史演变分析[J].鸡西大学学报（11）．

谢静静，赵英杰，2010.浅谈"老师"称谓的泛化[J].文化艺术（19）．

谢茹，2006."老师"称谓化探因[J].语文学刊（5）．

刑建丽，2011."美女"称呼语的泛化及其语言分析[J].语文学刊（1）．

许宝华，宫田一郎，1999.汉语方言大词典[M].北京：中华书局．

徐时仪，1994."小姐"的沉浮[J].语文建设（11）．

徐梓，2007."师傅"与"师父"[J].中国教师（11）．

杨亚萍，2011.现代汉语言语交际中的称呼困境现象研究[D].西安：陕西师范大学．

杨艳如，2008.从社会语言学的角度看法语称谓系统中 tu 和 vous 的嬗变[J].法国研究（4）．

广东省纪委，2014.广东纪委：同事不得互称"兄弟"领导不得称"老大"[EB/OL]．http://fanfu.people.com.cn/n/2014/0514/c64371-25017941.html．

杨琳，2012."棒"与"老板"考源[J].南开语言学刊（2）．

姚权贵，2018. "姥姥"好还是"外婆"好？[J]. 语文建设（25）.

姚亚平，1995. 现代汉语称谓系统变化的两大基本趋势 [J]. 语言文字应用（3）.

岳军，2010. "美女"称谓在日常交际中的语义泛化 [J]. 语文学刊（18）.

余晋芳，1975. 湖北省麻城县志续编 [M]. 台北：成文出版社.

张寒冰，2018-10-03. "姥姥"与"外婆"在方言中的分布 [N]. 语言文字周报.

张积家，陈俊，2003. 大学生称呼语选择维度的研究 [J]. 心理科学（3）.

张积家，陈俊，2007. 汉语称呼语概念结构的研究 [J]. 语言文字应用（2）.

张茹淇，邹煜，2019. 在语言生活中如何正确把握普通话与方言的关系——上海版教材"外婆改姥姥"事件引发的思考 [J]. 现代语文（2）.

张微，2009. 社交称谓语"先生"的泛化 [J]. 语言应用研究（4）.

张文江，2012.《五灯会元》讲记：南泉普愿 [J]. 上海文化（2）.

张希玲，2007. 汉语拟亲属称谓语的应用及其文化意识透视 [J]. 学术交流（2）.

张志毅，张庆云，2012. 词汇语义学（第三版）[M]. 北京：商务印书馆.

赵琪，徐晓红，2009. 上海话和东北话亲属称呼语泛化不均衡现象研究 [J]. 吉林师范大学学报（人文社会科学版）（1）.

中国社会科学院，澳大利亚人文科学院，1987. 中国语言地图集 [M]. 香港：朗文出版（远东）有限公司.

周光礼，2010. 中国博士质量调查 [M]. 北京：社会科学文献出版社.

周芷君，2017. 娱乐明星称呼语研究 [D]. 湘潭：湘潭大学.

朱文娟，2012. 浅析"亲"的流行原因 [J]. 焦作大学学报（1）.

朱永锴，林伦伦，1999. 二十年来现代汉语新词语的特点及其产生渠道 [J]. 语言文字应用（2）.

祝克懿，2004. 口语称谓语的缺环现象考察 [J]. 修辞学习（1）.

祝畹瑾，1984. "师傅"用法调查 [J]. 语文研究（1）.

祝畹瑾，1990. 汉语称呼研究——一张社会语言学的称呼系统图 [J]. 北京大学学报英语语言文学专刊.

祝畹瑾, 1992. 社会语言学概论 [M]. 长沙: 湖南教育出版社.

祝畹瑾, 1994. "同志"在中国—语言变化对日常会话的影响 [J]. 选自胡文仲（主编）, 文化与交际 [M]. 北京: 外语教学与研究出版社.

祝畹瑾, 2013. 新编社会语言学概论 [M]. 北京: 北京大学出版社.

左丘明, 等, 2006. 左传·吕氏春秋·战国策 [M]. 北京: 北京出版社.

左思民, 2000. 让"女士""先生"作通用称呼语（上海部分专家笔谈社会通称用语问题）[J]. 语文建设（3）.

施鸿保, 周亮工, 1985. 闽杂记 [M]. 福州: 福建人民出版社.

葛元煦撰, 郑祖安标点, 2006. 沪游杂记 [M]. 上海: 上海书店出版社.

张玉书, 等, 1985. 康熙字典 [M]. 上海: 上海书店出版社.

李宝嘉, 2013. 文明小史 [M]. 北京: 华夏出版社.

佚名, 2000. 小五义 [M]. 上海: 上海古籍出版社.

张焘, 1986. 天津风土丛书·津门杂记 [M]. 天津: 天津古籍出版社.

中共江西省委, 2015. 中共江西省委关于加强作风建设营造良好从政环境的意见 [EB/OL]. http://dangjian.people.com.cn/n/2015/0520/c117092-27031526.html.

中国社会科学院, 澳大利亚人文科学院, 1987. 中国语言地图集 [M]. 香港: 朗文出版有限公司.

AHEARN L M, 2001. Language and agency [J]. Annual Review of Anthropology, 30（1）.

BELL A, 1984. Language style as audience design [J]. Language in Society, 13（2）.

BELL A, 2001. Back in style: Reworking audience design [A]. In P. Eckert & J. Rickford（eds.）. Style and Sociolinguistic Variation [C]. Cambridge: Cambridge University Press.

BROWN P, LEVINSON S C, 1987. Politeness: Some Universals in Language [M]. Cambridge: Cambridge University Press.

BROWN R, FORD M, 1961. Address in American English[J]. Journal of Abnormal and Social

Psychology, 62（2）.

BROWN R, GILMAN A, 1960/2003. The pronouns of power and solidarity [A]. In Paulston, Christina Bratt & Tucker, G. Richard（eds.）. Sociolinguistics : the essential readings [C]. Malden : Blackwell Publishing Ltd.

ERVIN-TRIPP S M, 1972. Sociolinguistic rules of address [A]. In Pride, J. B. & Holmes, Janet（eds.）. Sociolinguistics : Selected Readings [C]. New York : Penguin Books Ltd.

JU Z C, 1991. The "depreciation" and "appreciation" of some address terms in China [J]. Language in Society, 20（3）.

KLOSS H, 1969. Research Possibilities on Group Bilingualism : A Report [J]. Bilingual Education : 94.

LABOV W, 1966. The Social Stratification of English in New York City Second Edition [M]. Cambridge : Cambridge University Press.

LABOV W, 1972. The study of language in its social context [A]. In : Pride, J. B. & Holmes, Janet（eds.）Sociolinguistics : Selected Readings [C]. Middlesex : Penguin Books.

LI D, C S, 1997. Borrowed identity : Signaling involvement with a western name [J]. Journal of Pragmatics, 28（4）.

LIU Y, 2009. Determinants of stall-holders' address forms to customers in Beijing's low-status clothing markets [J]. Journal of Pragmatics, 41（3）.

LIU Y, 2011. A new sociolinguistic model of address term progression [A]. In : Edmund T. Spencer（Ed.）. Sociolinguistics [C]. New York : Nova Science Publishers.

MENCKEN H L, 1980. The American Language. New York : Alfred A. Knope Inc.

ROGER B, MARGUERITE F, 1961. Address in American English [J]. Journal of Abnormal and Social Psychology : 375-385.

SCOTTON C M, ZHU W J, 1983. Tóngzhì in China : language change and its conversational consequences [J]. Language in Society, 12（4）.

WONG D, 2003. Andrew. Tongzhi, Ideologies and Semantic Change [D]. Palo Alto: Stanford University.

WONG D, 2008. Andrew. On the actuation of semantic change: The case of tongzhi [J]. Language Sciences, 30(4).

WU Y Y, 2014. The usages of kinship address forms amongst non-kin in mandarin Chinese: The extension of family solidarity[J]. Australian Journal of Linguistics, 10(1).

ZHANG Q, 2018. Language and Social Change in China: Undoing Commonness Through Cosmopolitan Mandarin[M]. New York: Routledge.

ZIPF G K, 1949. Human Behavior and the Principle of Least Effort: An Introduction to Human Ecology [M]. New York: Hafiner.